# 竹林の七賢

吉川忠夫



講談社学術文庫

# はしがき

　三世紀中国の魏晋《ぎしん》の時代は、敬愛すべき人物を少なからず輩出した。それら敬愛すべき人物のなかでも、「竹林の七賢」は際立った存在である。山濤《さんとう》、阮籍《げんせき》、嵇康《けいこう》、向秀《しょうしゅう》、阮咸《げんかん》、劉伶《りゅうれい》、王戎《おうじゅう》。これら七人の人物が一つにまとめられて「竹林の七賢」とよばれるようになるのは、福井文雅氏が「竹林七賢についての一試論」（『フィロソフィア』三七号）ですでに明らかにしているように、四世紀の東晋《とうしん》時代のことであったようだが、東晋時代の人たちは「竹林の七賢」に人間の典型を見いだし、自分たちの理想を託したのであった。

　わが「竹林の七賢」が生きた魏晋の時代。それは、前漢《ぜんかん》と後漢《ごかん》とをあわせると四百年の長きにわたって存在した古代帝国の漢王朝が崩壊し、政治的にも思想的にもアナーキーとなった状態のなかから立ちあらわれた時代であった。周知のように、前漢の武帝《ぶてい》は儒教を王朝の正統教学として採用し、それ以後、儒教は王朝に政治理論を提供するとともに、儒教に根拠を置くところの礼教主義は漢代の人びとの日常生活のすみずみにまで浸透した。漢代においては、儒教こそがあらゆる価値の源泉であり、人びとは自由に精神を飛翔させることができなかった。ところが、儒教がすべてを基礎づけていた漢王朝の崩壊は、当然のこととして儒教の権威を失墜させ、かくしてもはや儒教にのみ人生の指針を見いだしえなくなった魏晋の人びとは、みずからの信ずるところにしたがって、人それぞれに生きる道を模索しはじめる。アナーキーの状態がかえって思想の自由を保証するに至ったのであり、そのような時代を生きた「竹林の七賢」は、世俗との葛藤を通してそれぞれに自己を際立たせた。

七人の人物が「竹林の七賢」という一つのグループにまとめられはしたものの、そのなかにはさまざまのタイプの人間が含まれていて実に個性豊かである。それだけではなく、一人の人間についても、その性向と行動とが一見すると矛盾するかのように思われる場合すらないではない。その点においてもまた、儒教が唯一絶対の価値の源泉であった漢代とは異なって、価値が多様化した魏晋の時代の一つの指標をみとめることができるのだが、「竹林の七賢」の面々は、ある場合には文学作品や哲学論文によって、ある場合にはそのライフ・スタイルによって、それぞれに強烈でしたたかな自己主張を行なったのである。

# 目次

# 竹林の七賢

# 序章　「竹林の七賢」と栄啓期像

南京《ナンキン》市の南の郊外の西善橋《せいぜんきょう》。そこの六朝《りくちょう》時代の墳墓から八人の人物像の磚画《せんが》が発見されたのは、一九六〇年のことであった。磚《せん》とはレンガ。レンガを組み合わせて、その上に八人の人物像が刻まれていたのである。奥行きは六・八五メートル、横幅は三・一〇メートル、高さは三・四五メートルの墓室の左右の壁の中央部にはめこまれていた長さ二・四〇メートル、高さ〇・八〇メートルのこの磚画には、描かれた八人の人物がそれぞれだれであるのかを示す題記がそえられていた。すなわち、右側の壁の四人の像には、左から順に嵆康《けいこう》、阮籍《げんせき》、山濤《さんとう》、王戎《おうじゅう》、左側の壁の四人の像には、右から順に向秀《しょうしゅう》、劉霊《りゅうれい》、阮咸《げんかん》、栄啓期《えいけいき》の題記がそえられていたのである。これらの人物のうち、嵆康から阮咸までの七人は、いわゆる「竹林の七賢」にほかならない。劉霊は普通には劉伶と表記されることが多い。「竹林の七賢」像のなかにただ一人まじっている栄啓期は、『列子《れっし》』の天瑞《てんずい》篇などがつぎのような「三楽《さんらく》」の話を伝えている

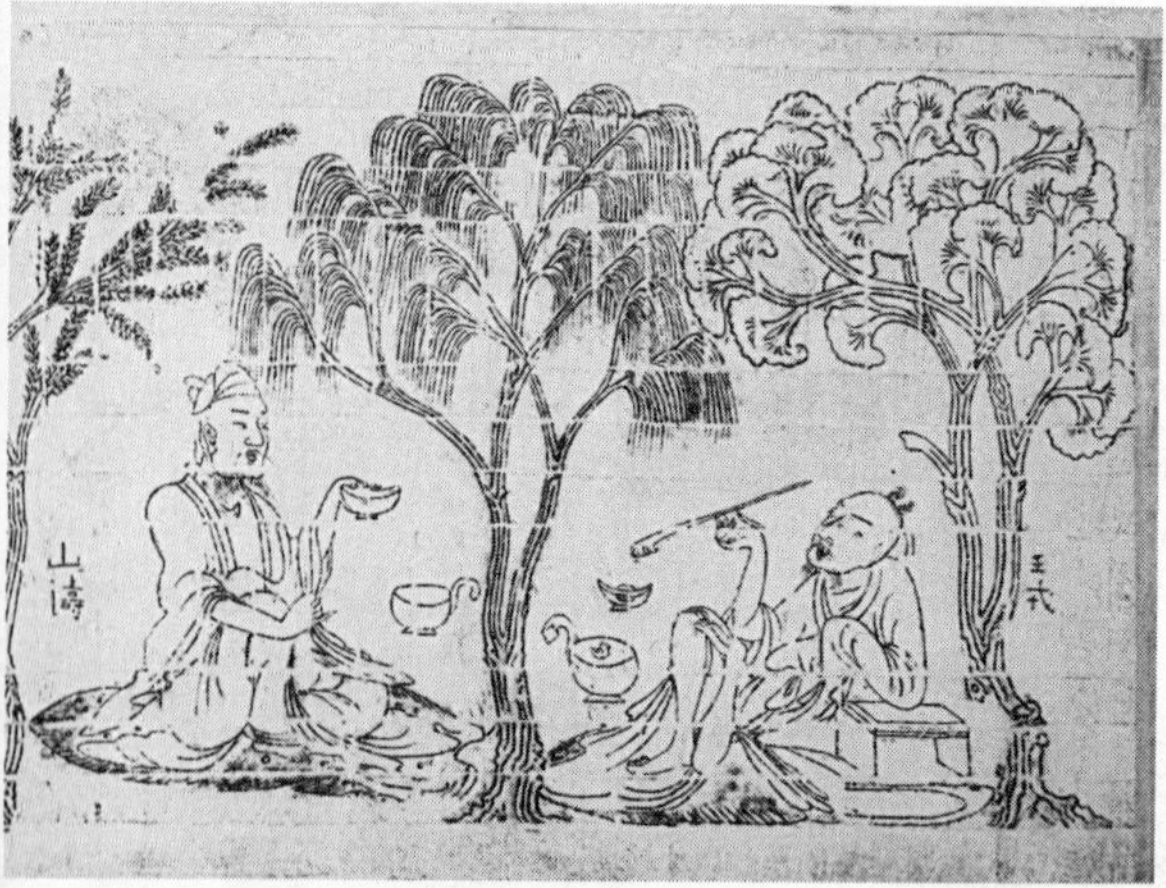
山濤
王戎

劉靈
向秀

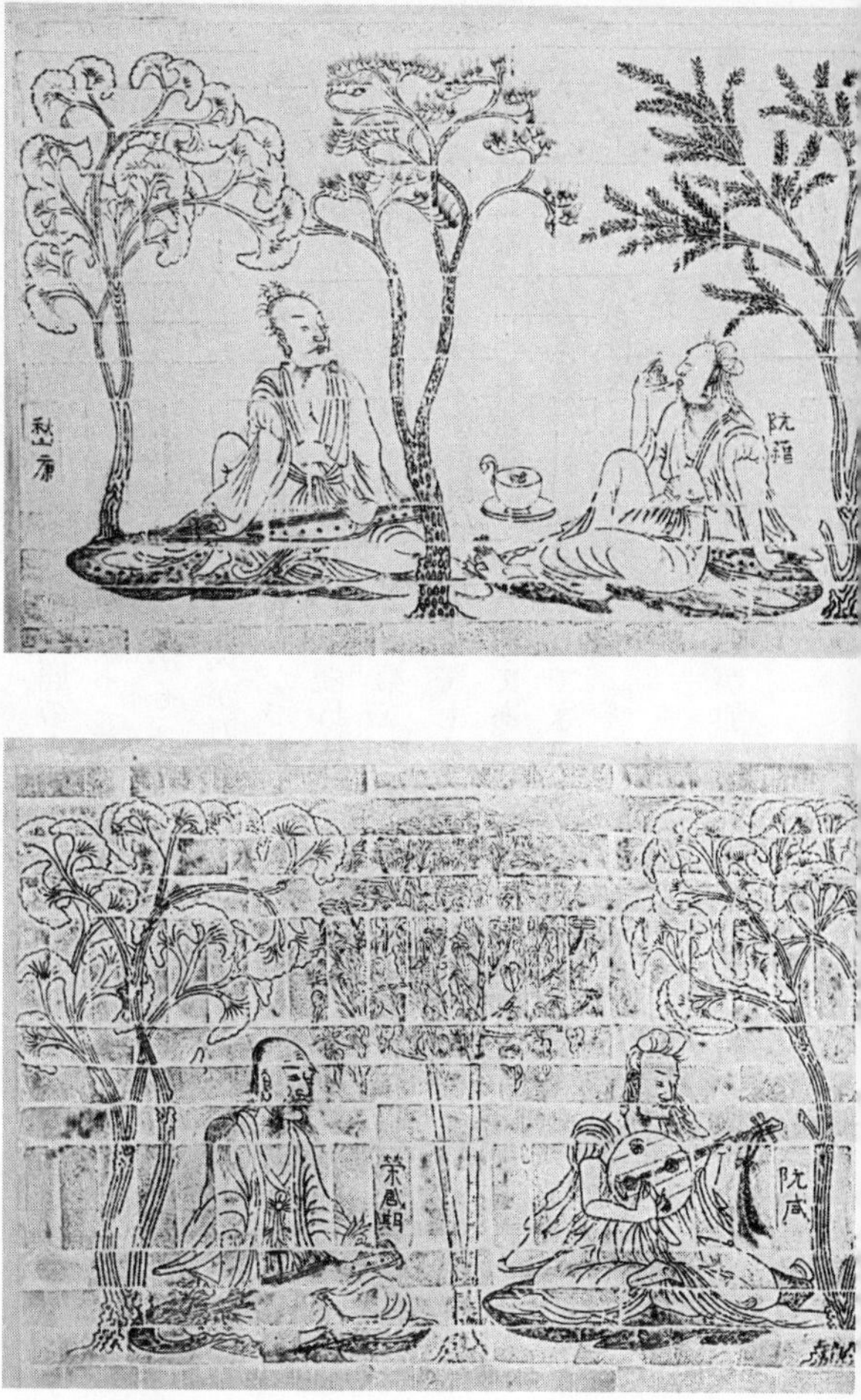


竹林七賢・栄啓期図拓本（南京市西善橋出土）

春秋時代《しゅんじゅう》の人物である。

あるとき、孔子は通りがかりに、鹿の皮衣《かわごろも》をはおり、縄の帯をしめ、琴をかきならしながら、いかにも楽しげに歌っている栄啓期を見かけた。「先生は何がまたそんなに楽しいのですか」、孔子がそうたずねると、栄啓期は答えた。「わしの楽しみはとてもたくさんあるが、天が万物を生んだなかで、人間こそが最も貴い。わしはその人間に生まれることができた。これが第一の楽しみである。人間には男女の別があり、男尊女卑のならわしでは男が貴いとされるが、わしはその男に生まれることができた。これが第二の楽しみである。人間のなかにはお天道《てんと》さまも拝まずに赤ん坊のうちに死んでしまうやつがいるものだが、わしはすでに九十歳になる。これが第三の楽しみである。貧乏は男のさだめ、死は人生の終わり。さだめに安んじて終わりを全うできるならば、何をくよくよすることがあろうか、というわけさ」。

西善橋墓の「竹林の七賢」像に栄啓期が加えられたのは、左右の壁を四人ずつの人物で構成する必要があったからであるにはちがいない。だがそれにしても、特に栄啓期が選ばれたのはどうしてなのであろうか。

栄啓期は、魏《ぎ》晋《しん》にはじまる六朝時代の人びとのあいだでなかなか人気の高い人物であった。「竹林の七賢」の一人である阮籍も、蔣済《しょうせい》からの招致をことわる「蔣太尉《たいい》の辟命《へきめい》を辞《じ》する奏記」のなかで、「昔、栄（啓）期は索《なわ》を帯にし、仲尼《ちゅうじ》（孔子）も其の三楽を易《かろ》んぜず」と述べている。おなじく「竹林の七賢」の一人である嵇康も、文学作品の「琴の賦《ふ》」に、栄啓期を漢代の隠者の綺里季《きりき》とならべて、「世を遯《のが》れし士《おのこ》の栄（啓）期と綺（里）季の疇《ともがら》は、乃《すなわ》ち相《あ》い与《とも》に飛《あまか》ける梁《はし》に登り、幽《ひそ》める壑《たに》を越《わた》り……」とうたっている。嵇康の『聖賢高士伝賛《せいけんこうしでんさん》』は、古来の高潔な人物百十九人の伝記を集めたうえ、それぞれに賛《さん》を付した書物であるが、そのなかにも栄啓期がとりあげられ、『列子』天瑞篇などとおなじ話がみえている。ただし、『聖賢高士伝賛』は完全なままでは今日に伝わらず、嵇康が栄啓期に託した思いが韻文でつづられていたはずの賛が失われてしまったのは残念である。

阮籍や嵇康からおよそ一世紀半後、東晋の陶淵明《とうえんめい》もしばしば栄啓期のことをうたっている。「九十にして行《まず》は索《なわ》を帯にす、飢寒　況《いわ》んや当年をや——九十のじいさんだってともかく荒縄の帯しめて楽しんどった、飢え寒さ、なおのこと若者ならばなんのその——」（「飲酒」二十首の其の二）。「栄叟《えいそう》老いて索《なわ》を帯にし、欣然《きんぜん》として方《まさ》に琴を弾《だん》ず——栄のじいさん、年老いて荒縄の帯をしめ、楽しげに琴をかきならしておったとか——」（「貧士を詠ず」七首の其の三）。それだけではない。唐の張彦遠《ちょうげんえん》の『歴代名画記』によると、東晋時代第一流の画家として知られる顧愷之《こがいし》が六幅の絹に描いた屏風《びょうぶ》の一幅は栄啓期像であった。顧愷之には「竹林の七賢図」の作品もあったというが、ただし西善橋墓の磚画とは異なって、顧愷之の「竹林の七賢図」と栄啓期像とはそれぞれ独立した作品であった。

ところで、墓室の内部に描かれた人物像といえば、『孟子《もうじ》』に最初の注釈を施した後漢の趙岐《ちょうき》も、荊州《けいしゅう》の古郢城《こえいじょう》に、すなわち今日の湖北《こほく》省荊州市荊州区の地に生前からあらかじめ墳墓を営み、その墓室の壁に、呉《ご》の季札《きさつ》、鄭《てい》の子産《しさん》、斉《せい》の晏嬰《あんえい》、晋《しん》の叔向《しゅくきょう》の四人の人物像を描いて賓客の位置に置き、主人の位置には自画像をすえ、それぞれの画像にそれぞれの人物をたたえる賛《さん》と頌《しょう》の文章をそえたという。そして趙岐は、建安六年（二〇一）、つぎのように遺言したうえ九十余歳の生涯をおえ、その墳墓に葬られた。「わしの死にあたっては、墓のなかに砂を集めて牀《ベッド》を作り、牀の上にむしろを敷き、白装束にざんばら髪、その上に一重《ひとえ》の被《うちかけ》をかけるように。即日、屍《しかばね》を墓室におろし、おろしおわったならば、ただちに墓門を閉じるのだ」。当時の社会をひろくおおっていた厚葬《こうそう》の風潮をあざ笑うかのように、趙岐が指示した埋葬の方法はいたって簡素であった。しかしながら、その死後に託されたかれの生活はまことに豪華《ゴージャス》であった、といわなければならない。季札、子産、晏嬰、叔向、これら四人はいずれも春秋時代の賢人であり、孔子が景仰《けいぎょう》した人物たちである。それらの人物を賓客とし、みずからを主人として、「情好《じょうこう》を存し、宿尚《しゅくしょう》を叙《の》べる」、つまりかれらと誼《よしみ》を通じ、かねてからの敬慕の気持ちを表わしたいというのが、趙岐が死後の墓中における生活に託した願いだったのである。

西善橋の六朝墓の磚画に描かれている栄啓期も、やはり春秋時代の賢人である。しかしながら、趙岐墓に描かれた四人の賢人たちがいずれも哲人政治家のタイプであるのとは異なり、栄啓期が隠者風の人物であるところに、漢代人ではない六朝人の趣向がうかがわれるように思われる。だが、その栄啓期ですら、西善橋墓の磚画のなかでは、お添えものであることを免れない。磚画の主役は、あくまでも「竹林の七賢」である。西善橋墓の墓主がだれであるのかはわからないが、墓主が死後における語らいの相手にえらんだのは、何よりも「竹林の七賢」であったのである。「竹林の七賢」に栄啓期を加えた磚画は、江蘇《こうそ》省丹陽《たんよう》市の五世紀南斉《なんせい》時代の帝王陵からも発見されているけれども、南京の西善橋墓のものが保存状態もよく、また芸術性においても格段にすぐれている。その磚画には、それぞれの人物がいかにもそれぞれの人物にふさわしい風格のもとに描き出されている。

# 第一章　「竹林の七賢」グループの誕生

「竹林の七賢」は、三世紀の中国、魏《ぎ》晋《しん》時代の人物である。七賢にかぞえられる人物のなかで最年長の山濤《さんとう》は後漢の献帝《けんてい》の建安十年（二〇五）に生まれ、晋の武帝《ぶてい》の太康四年（二八三）に世を去った。最年少の王戎《おうじゅう》は魏の明帝《めいてい》の青龍二年（二三四）に生まれ、晋の恵帝《けいてい》の永興二年（三〇五）に世を去っている。山濤が生まれたのは後漢時代のことではあったが、しかしすでにその頃、後漢王朝を完全に牛耳っていたのは、『三国志演義』でおなじみの曹操《そうそう》であった。そして西暦二二〇年には、曹操の息子曹丕《そうひ》が正式に後漢王朝を奪って魏王朝を創業し、北中国を制圧したこの魏王朝の誕生にすぐひきつづいて、二二一年には中国の西南地域に蜀《しょく》の王朝が、二二二年には東南の地域に呉《ご》の王朝が成立する。中国が三分されるいわゆる三国時代を迎えたのである。

晋は三国のなかの魏を継承する王朝であって、創業は二六五年のことであるが、その創業に至るまでには、じっくりと時間をかけた地ならしが行なわれた。すなわち司《し》馬懿《ばい》、司馬懿の息子の司馬師《しばし》、司馬師の弟の司馬昭《しばしょう》によって着実に地ならしが行なわれ、最後に司馬昭の息子の司馬炎《しばえん》がようやく晋王朝の初代皇帝、武帝となったのである。魏は初代皇帝の文帝《ぶんてい》曹丕、第二代皇帝の明帝曹叡《そうえい》のあとまだ三人の天子が位に即《つ》きはしたものの、それら三人の天子はすべてもはや司馬氏の傀儡《パペット》であった。漢魏の王朝革命が曹操と曹丕の二代によって達成されたのにたいし、司馬懿、司馬師、司馬昭、司馬炎の三代四人にわたって、じわじわと真綿で首をしめるように進行した魏晋の王朝革命は、それだけにかえって陰湿で陰険であった。そもそも、司馬懿が名うての老獪《ろうかい》なたぬきおやじであったことは史上に有名であり、司馬氏の一族には陰湿で陰険な血が流れていたのかもしれぬ。

　魏晋の王朝革命が進行する過程においては、魏の第四代皇帝の高貴郷公曹髦《こうききょうこうそうぼう》が、「司馬昭の心は路人も知るところなり」、司馬昭が何を考えているのかは道路を往来する通行人にだって見えみえだ、そのように側近の臣下に語り、とうてい勝ち目のない軍事行動にふみきったものの、あっけなく宮城内で刺し殺されてしまうという一幕もあった。前代未聞の天子によって発動されたクーデター。それは「浪漫的な反抗事件」（岡崎文夫『魏晋南北朝通史』の言葉）と評されるほかはないものであった。後のことではあるが、東晋の明帝司《し》馬紹《ばしょう》は遠《とお》つ祖《おや》が天下を得たいきさつを臣下にたずね、宰相の王導《おうどう》から、司馬懿が名族たちを誅滅《ちゅうめつ》して自派の結束をかためたこと、司馬昭が高貴郷公のはかない抵抗を圧殺したことなどを聞かされるに及んで、思わず顔をおおい、玉座にうつぶせ、「もし貴公の言のごとくであったのであれば、わが王朝の寿命は長かろうはずはない」、とうめくようにいったという。

「竹林の七賢」が生きたのは、このように暗くて険しい時代であった。「竹林の七賢」の事蹟は、ある人物についてはかなり多くのことが、またある人物についてはより少しのことが伝えられている。たとえば、「竹林の七賢」のなかで生卒年が判明するのは、山濤《さんとう》（二〇五―二八三）、阮籍《げんせき》（二一〇―二六三）、嵆康《けいこう》（二二三―二六二）、王《おう》戎《じゅう》（二三四―三〇五）の四人であって、のこりの三人についてはわからない。ともかく、山濤と王戎とでは二十九歳の年齢のひらきがあるように、七人の年齢はさまざまだし、かれらそれぞれの魏、晋両王朝とのかかわり方や時代にたいする身の処し方も一様ではなかった。かれらの性向もまた一様ではなかった。それにもかかわらず、「竹林の七賢」が一つのまとまった交遊グループとされたからには、かれらの交遊の軌跡《きせき》はもとよりのこと、行動や性向のちがいをこえて、かれらが共有した内面世界がどのようなものであったのかが明らかにされなければならないであろう。それだけではない。七人の人物がどうして「竹林の七賢」という一つの交遊グループとしてまとめあげられることとなったのか、そのことが明らかにされなければならないであろう。

「竹林の七賢」とよばれる人たちは、みずからそのように名のったわけではもとよりなかった。また、かれらの在世中からその名でよばれたわけでもなかった。七人の交遊グループを「竹林の七賢」とよぶようになったのは、四世紀の東晋時代にはじまることのようである。陶淵明《とうえんめい》の『集聖賢群輔録《しゅうせいけんぐんぽろく》』は古来の聖賢のグループを列挙した書物であるが、阮籍、嵆康、山濤、劉伶《りゅうれい》、阮咸《げんかん》、向秀《しょうしゅう》、王戎の順に名をあげたうえ、つぎのように述べている。「右、魏の嘉平《かへい》中（二四九—二五四）、並びに河内《かだい》の山陽《さんよう》（河南《かなん》省修武《しゅうぶ》県）に居り、共に竹林の遊《あそ》びを為《な》す。世は竹林の七賢と号す。晋書《しんじょ》、魏《ぎ》書《しょ》に見ゆ。袁宏《えんこう》、戴逵《たいき》は伝《でん》を為《つく》り、孫統《そんとう》も又《ま》た賛《さん》を為《つく》る」。

周知のように、陶淵明は東晋末から劉宋《りゅうそう》初にかけての人。今日のわれわれがひもく晋王朝時代史の『晋書』は唐代の初期に編纂されたものであるから、陶淵明が『晋書』とよんでいるのは、今日ではもはや断片的な記事が伝わるだけにしか過ぎない東晋の王隠《おういん》の『晋書』、おなじく虞預《ぐよ》の『晋書』、おなじく孫盛《そんせい》の『晋陽秋《しんようしゅう》』などのことであろう。また『魏書』とよんでいるのも、孫盛の『魏《ぎ》氏春秋《ししゅんじゅう》』のことであるらしく、『三国志』の魏書巻二一・王粲《おうさん》伝の注に引用されているつぎの『魏氏春秋』の記事こそ、どうやら「竹林の七賢」を一つの交遊グループとして書きとめた最初のもののようである。

嵇康は河内郡の山陽県に寓居した。かれとつきあった人は、かれが喜んだり怒ったりする表情を一度として見たことがなかった。陳留《ちんりゅう》の阮籍、河内の山濤、河《か》南《なん》（河内？）の向秀、阮籍の兄の子の阮咸、琅邪《ろうや》の王戎、沛《はい》の人の劉伶ととりわけ仲のよい友人関係を結び、竹林に遊んで七賢と称された。

陶淵明の『集聖賢群輔録』が「竹林の七賢」のために伝を作り賛を作ったと伝えている袁宏、戴逵、孫統の三人もやはりすべて東晋時代の人物であって、孫統の賛はすっかり失われてしまったけれども、袁宏の「竹林名士伝」と戴逵の「竹林七賢論」はともにその断片記事が伝わっている。そのうえ東晋時代になると、顧愷之《こがいし》に「竹林の七賢図」の作品があったように、「竹林の七賢」はしばしば画材としてとりあげられるようにもなった。「竹林七賢論」の作者である戴逵は画業にもすぐれ、顧愷之の「論画」(『歴代名画記』巻五)は、戴逵にもやはり「竹林の七賢図」のあったことを伝えている。そして、つぎのように批評している。「ただ嵆康の像だけはいくらかよい。そのほかの人物はいかにもそれらしい風格のもとに描かれているわけではないが、それでも従来の竹林の七賢の画像とくらべるなら、これに及ぶものはない」。今や実作品に即して顧愷之の批評をたしかめるすべなどあろうはずはないけれども、それはさておき、顧愷之はこのように戴逵の「竹林の七賢図」を従来の作品と比較しているのだから、戴逵以前にもさまざまの「竹林の七賢図」の存在したことが判明する。

七人の人物を一つにまとめた「竹林の七賢図」だけではなく、「竹林の七賢」グループとされるそれぞれの人物は、やはり東晋時代から、それぞれ別個にさかんに画材としてとりあげられるようになったのであった。なかでも顧愷之は、嵆康の四言詩にうたわれている情景を描くことを得意とし、「手に五絃の琴を爪弾《つまび》く姿を描くのはたやすいが、目にねぐらに帰る鴻《おおとり》を送る姿を描くのはむずかしい」と語ったという。

嵆康の四言詩の連作「兄秀才の軍に入《い》るに贈る」十九首の其の十五に、「目には帰鴻《きこう》を送り、手には五絃を揮《ふる》う」とうたわれている詩句を、顧愷之は画材としたのである。『歴代名画記』はまた、顧愷之の作品リストに、「蘇門《そもん》先生像」や「阮咸像」をあげている。蘇門先生は阮籍が蘇門山の山中にたずねたといわれる神仙であって、その画面には、阮籍もあわせて描かれていたことであろう。そのほか、史道碩《しどうせき》なる画家の作品リストには、「七賢の図」をはじめとして、「酒徳頌《しゅとくしょう》の図」、「琴の賦《ふ》の図」、「嵆中散《けいちゅうさん》の詩の図」があげられている。後ほどとりあげるように、「酒徳頌」は劉伶の作品、「琴の賦」は嵆康の作品、そして嵆中散とは嵆康のことである。戴逵にも、「竹林の七賢図」のほか、「嵆阮像」、「嵆阮十九首詩の図」、「嵆の軽車《けいしゃ》の詩の図」の作品があった。嵆阮とはもとより嵆康と阮籍であり、「嵆の軽車の詩の図」は、「軽き車は迅《はや》く邁《ゆ》き、彼《か》の長き林に息《いこ》う」の句をもってはじまる嵆康の「兄秀才の軍に入るに贈る」の其の十三を画材としたものであろう。この作品について、顧愷之の「論画」はつぎのように批評している。「口笛を吹いている人物が描かれ、さながらに口笛を吹いているかのようだ。しかしながら容貌はやつれて、嵆中散ではないらしい。構図も内面表現もすばらしく、林の木々もやわらぎのびやかであって、天然の趣をそなえている」。口笛を吹いている人物が描かれているのは、その詩が、「心の憂《うれ》うるや、永く嘯《しょう》し長く吟《ぎん》ず」とうたいおさめられているからにちがいない。「嘯」とは口笛を吹くことである。

さて、これらの絵画作品はもとよりのこと、陶淵明の手もとにあったはずの「竹林の七賢」に関する文献も、ごくごくわずかの断片を除いて、ほとんどすべてが失われてしまったのだが、幸いにもわれわれは、『世説新語《せせつしんご》』によって、「竹林の七賢」の生き生きとした姿に接することができるのだ。『世説新語』は、陶淵明にいくらかおくれる五世紀の劉宋の臨川《りんせん》王劉義慶《りゅうぎけい》が撰述したところの名士逸話集というべき書物であるが、逸話集とはいっても、馬鹿にしてはならない。この書物ほど、魏晋という時代の精神をよく映し出しているものはほかにはないからであり、明末清初の文人の銭謙《せんけん》益《えき》は、劉義慶を「史家の巧人《こうじん》」とよんでいる。その歴史家としての多彩な腕前に驚嘆しているのだ。『世説新語』に登場する六五〇名ほどの人物の大半は魏晋時代の名士たちであって、一一三〇条にのぼる逸話のかずかずが三六篇の構成のもとに排列されている。『論語』先進《せんしん》篇に孔子の弟子たちを列挙して、「徳行は顔淵《がんえん》、閔子騫《びんしけん》、冉伯《ぜんはく》牛《ぎゅう》、仲弓《ちゅうきゅう》。言語は宰我《さいが》、子貢《しこう》。政事は冉有《ぜんゆう》、季路《きろ》。文学は子游《しゆう》、子夏《しか》」とあるのにもとづく徳行、言語、政事、文学の四篇にはじまり、それ以下、方正《ほうせい》（堅物《かたぶつ》）、雅量《がりょう》（太っ腹）、識鑒《しきかん》（目きき）、賞誉《しょうよ》（称賛）、品藻《ひんそう》（品さだめ）云々といささか堅苦しい篇名がつづくけれども、しかしその終わり近くに至っては、仮譎《かけつ》（ぺてん）、黜免《ちゅつめん》（くび）、倹嗇《けんしょく》（けち）、汰侈《たいし》（浪費）、忿狷《ふんけん》（かんしゃくもち）、讒険《ざんけん》（いじめ）、尤悔《ゆうかい》（やるせなや）、紕漏《ひろう》（すかたん）、惑溺《わくでき》（首ったけ）、仇隙《きゅうげき》（反目離反）などなどと、なかなかにすさまじく、反道徳的でさえある。

魏晋の名士たちのなかでも、とりわけ「竹林の七賢」の面々は、『世説新語』において目だった役割を演じており、かれらそれぞれの言葉と行動のかずかずが生き生きと伝えられているのだ。そしてその任誕《にんたん》篇には、やはりかれら七人を一つの交遊グループとみなしたつぎの記事がある。任誕とは、「自由奔放」とでも訳すべき言葉である。

陳留の阮籍、譙国《しょうこく》の嵆康、河内の山濤、この三人はほぼ同年輩で、嵆康がすこしわかかった。かれらの交遊に加わったのは、沛国《はいこく》の劉伶、陳留の阮咸、河内の向秀、琅邪の王戎である。七人はいつも竹林のもとにつどい、心ゆくまで痛飲して気を晴らした。だから、世間では「竹林の七賢」とよぶのである。

年長の山濤をさしおいて、阮籍と嵇康の名を筆頭にあげているのは、この二人こそ「竹林の七賢」のなかの領袖《りょうしゅう》格であったからにほかなるまい。

「竹林の七賢」の名でよばれる交遊グループが作りあげられた東晋時代、それは、北中国が漢民族ならざる異民族の跳梁《ちょうりょう》するところとなったため、晋王朝が中原《ちゅうげん》の地を放棄し、都を洛陽《らくよう》から建康《けんこう》に、すなわち今日の南京《ナンキン》に移して、わずかに江南の地を保つこととなった四世紀初頭以後の時代のことである。東晋の人びとは、都が洛陽に置かれていた時代を、すなわち東晋時代と区別して西晋とよばれるその時代を、中朝《ちゅうちょう》とよびならわした。中朝とは「中原の王朝」という意味であり、中原を逐《お》われた人びとの痛切な思いがこめられた言葉である。そして東晋の人びとは、「竹林の七賢」に、かつてありし中朝の時代のなつかしい思い出を託したのであった。

# 第二章　見識と度量の人——山濤

七人の人物が「竹林の七賢」として一つのグループにまとめあげられたのは東晋時代のことであったとしても、その核となるような交遊関係は、すでにかれらの在世中から実際に存在し、さまざまに語り伝えられていたものと考えられる。たとえば『世《せ》説新語《せつしんご》』の賢媛《けんえん》（才媛）篇に、山濤《さんとう》、嵆康《けいこう》、阮籍《げんせき》三人の交遊を伝えるつぎの話がある。

山濤は嵆康、阮籍と面識をもった途端に、金蘭《きんらん》の契《ちぎ》り、すなわち黄金のように堅固で蘭の花のように芳《かぐわ》しい親交を結んだ。山濤の妻の韓《かん》氏は夫と二人とのつきあいが尋常一般ではないことに気づき、そのことを夫にただした。山濤「僕はこの世の中で友とできるのは、このお二方《ふたかた》だけなのだ」。妻「僖負羈《きふき》の妻だって自分の目で狐偃《こえん》と趙衰《ちょうし》をたしかめました。こっそり様子をうかがってみたいと思うのですが、よろしいでしょうか」。後日、二人がやってきた。妻はひきとめて泊まらせるよう夫にすすめ、酒と肉を用意した。夜がふけると、妻は壁に穴をあけてのぞき見し、夜が明けるまでひきあげるのも忘れはてた。夫がやってきてていう。「お二人はどうだ」。妻「あなたは才気の点ではまるでくらべものになりません。ただ見識と度量でもって友達づきあいをなさるべきです」。山濤「かれらもつねづね僕の度量をたかくかってくれているよ」。

曹《そう》の国の僖負羈の妻は、諸国放浪中の晋の公子の重耳《ちょうじ》とその従者の狐偃と趙衰を観察し、将来、かれらによって覇業が成就されること間違いなしと考えた。それから数年後、はたして重耳は春秋時代の五人の覇者の一人にかぞえられる晋の文公《ぶんこう》となった。『春秋左氏伝《しゅんじゅうさしでん》』の僖公《きこう》二十三年にみえる話である。

山濤が金蘭の契りを結んだ嵆康と阮籍の二人を、妻は最初、夫の従者格ぐらいにみくびっていたのであろうか。よもやそんなことはあるまいが、嵆康と阮籍は、「竹林の七賢」のなかでもとりわけ強烈な個性の持ち主であった。この二人にくらべるならば、山濤の個性はそれほど際立ちはせぬ。しかし妻が品評し、みずからもみとめているように、二人と十分につきあっていけるだけの「識度」、すなわち見識と度量を備えていたのである。官僚としての山濤が、とりわけ人事担当の吏部郎《りぶろう》や吏部尚書《りぶしょうしょ》として才能を発揮することができたのも、なかんずくその見識によるところがおおきかった。

山濤が担当した前後の人事は百官のほとんどすべてにわたり、推薦した人物のなかに不適格者はいなかった。品評をくだしたものすべてが、かれの言葉通りとなった。ただ陸亮《りくりょう》の任用の場合だけは勅命による任用にかかって、意見がくいちがい、反対したけれども従われなかった。陸亮はやはりやがて収賄《しゅうわい》の罪で失脚した。（『世説新語』政事篇）

山濤の人事選考の進め方は、一つの空きポストができると、後任の候補者を一人とはきめずに複数の人物を推薦するのがならわしであった。皇帝の顧問役である侍中《じちゅう》の選考に関する場合の具体的な一例を示そう。

侍中職の彭権《ほうけん》の転任がきまり、後任を選ばなければならぬこととなりました。考えまするに、雍州《ようしゅう》の長官の郭奕《かくえき》は高潔にして簡素、太っ腹の人物であります。もし軍事担当の官に配置しますならば、下情《かじょう》に十分に通ぜぬ点がいささか遺憾に思われますが、中央政府に籍を置きますならば、側近たちを粛然とさせるに足るでありましょう。衛《えい》将軍（禁軍の最高司令官）の王済《おうせい》はきれ者にして人格もすぐれ、若手官僚のなかのぴか一であります。右の二人は、まことに顧問役の人材として抜きん出ております。御意の存するところ、王済が現に禁軍を統率していることをもって惜しまれるのであれば、驍騎《ぎょうき》将軍（六軍の一司令官）の荀愷《じゅんがい》は才智器量ともに明敏、禁軍を統率させるならば王済にひけをとることはありますまい。博士祭酒《はかせさいしゅ》（国立中央大学学長）の庾純《ゆじゅん》は人物がしっかりしていて学問があり、かれもこのたびの人事に適格でありましょう。ただ国立中央大学は設立されたばかりのことでもあり、王、荀の両氏（不詳）は物故し、庾純がその職責をまっとうしておりますことゆえ、いましばらく留任させて（国立中央大学の）基礎作りをやらせるべきようにも思われます。いかがするのが最も御意にかなうのでありましょうか。（『山公啓事《さんこうけいじ》』）

つまり、彭権の後任の侍中職の候補者として、ひとまず郭奕、王済、庾純の三人の名をあげているのである。さらに、衛将軍の王済の侍中職就任が決定した場合の後任として、荀愷の名をもあげているのである。このように、山濤が人事を進めるにあたっては、まず複数の人物を推薦し、天子の意向がそのなかのどの人物に傾くのかを見さだめたうえ、あらためて天子意中の人物を積極的に推す上奏を行なうのであった。石橋をたたいて渡るような慎重さである。とはいえ、陸亮にかかわる人事の場合のように、自分の筋を通し、天子の意向とくいちがうこともあったのである。ともかく、山濤が人事担当の責任者としてみずから筆を執った推薦文のかずかずは『山公啓事』とよばれる一冊の書物にまとめられ、人事担当官のマニュアルとなった。右に引いたのも『山公啓事』の記事なのだが、『山公啓事』には、「竹林の七賢」の一人である阮《げん》咸《かん》を吏部郎に推薦した文章も収められている。

純真清楚にして寡欲、深く清濁を認識し、何物をもってしてもかれの心をぐらつかせることはできませぬ。もし人事担当の職に就任させますならば、必ずや一世に妙絶することでありましょう。

このとき、山濤は自分の意見が採択されるはずのないことを百も承知であった。それにもかかわらず阮咸を推薦したのは、そのすぐれた人格が世に知られないことを深く惜しんだからであったという。はたして天子は、阮咸が「酒に耽《ふけ》って浮虚《ふきょ》――酒びたりで夢想家――」であることを理由として山濤の意見を退け、そのかわりに吏部郎に採用されたのが先にふれた陸亮であったのである。

阮咸が「純真清楚にして寡欲」な人物であっただけではない。阮咸をそのように評した山濤その人も、やはりまた寡欲な人物であった。『世説新語』言語篇に面白い話がある。伝えられるところでは、晋の武帝から山濤に下賜《かし》される品はいつもほんの少量であったとか。東晋時代になってから、そのことが話題になったとき、ある人物がこう評した。「きっと、もらう側があまり多くをほしがらなかったので、与える側にも少ないことをつい忘れさせたのであろう」。また、つぎのような話がある。鬲《かく》(山東省平原県)の県令の袁毅《えんき》なるもの、大官たちにさかんに賄賂を贈って政界工作を行なった。山濤のところにも百斤の絹糸が贈られてきたが、すぐにつき返すことはせず、ひとまず受けとったものの、部屋の梁《はり》の上にしまっておいた。やがて袁毅は贈賄罪に問われ、収賄罪で摘発逮捕されるものがあいついだにもかかわらず、山濤が無実の証拠品として提出した絹糸の包みはほこりをかぶり、封印ももとのままであった。

世の中には、みんなが安心して頼りにできる人間がいるものである。世の中の一般の人びとにとっても、また「竹林の七賢」グループの面々にとっても、山濤はそのような存在であったのであろう。かれは懐《ふところ》の深い人物であった。「竹林の七賢」の一人の王戎《おうじゅう》は、山濤をつぎのように評している。「まるで璞玉渾金《はくぎょくこんきん》——掘り出されたままの粗玉《あらたま》か粗金《あらがね》——のようだ。人びとはみんな宝として愛《め》でるけれども、さて何という器物と名づけてよいのかわからない」(『世説新語』賞誉《しょうよ》篇)。またあるものが、王戎の従弟《いとこ》の王衍《おうえん》に、山濤の哲学はどのようなものであり、いかなる哲学者の流れに属するのかとたずねたところ、王衍はつぎのように答えたという。「この人は哲学談義にみずから尻をすえようとしたことはまったくない。ところが『老子《ろうし》』や『荘子《そうじ》』を読んではいないのに、おりおりにその発言を聞いてみると、往々にしてその主旨に合致している」(同上)。

七十九歳の長寿に恵まれた山濤が世を去ったのは、晋の武帝の太康四年(二八三)。

朝臣たちの信望を一身にあつめ、武帝の信頼もあつかった山濤は、その晩年には、行政府の長官である尚書僕射《しょうしょぼくや》の位にまでのぼっている。山濤が武帝のあつい信頼を得たのは、かれがそもそも武帝司馬炎《しばえん》の祖父司馬懿《しばい》の夫人、つまり武帝の祖母であり宣《せん》穆《ぼく》皇后と諡《おくりな》された張春華《ちょうしゅんか》の姻戚であった関係によるところもあったであろう。しかし、そのことにもまして、武帝もやはりかれの見識にあつい信頼をよせていたからにちがいない。『世説新語』の識鑒《しきかん》篇には、山濤の見識が王朝の将来を見通すほどのものであったことを伝えるつぎの話がある。

晋の武帝が宣武場《せんぶじょう》で軍事演習を行なった際、帝は軍備を縮小して文治《ぶんち》につとめようと考え、みずからその場にのぞんで群臣たちをあまねく召集した。山濤は軍備縮小をすべきではないと考えたため、行政府の役人たちと孫呉《そんご》の用兵の本意について語りあい、徹底的に議論をつくした。列席者一同だれしも感嘆し、「山濤どのこそは天下の名論家だ」といった。その後、諸王たちは驕慢《きょうまん》となって軽がるしく戦乱をひきおこした。かくして群盗が各地に蟻《あり》のごとく集まったが、地方の郡も国もおおむね無防備なために制圧できず、しだいに勢いをつのらせた。まつたく山濤のいった通りとなったのである。当時の人びとは、「山濤は孫呉の兵法を学んだわけでもないのに、冥々のうちに理にかなっている」といった。王衍も、「山濤は冥々のうちに道と一致している」といった。

孫呉とは、春秋時代の兵法家の孫武《そんぶ》と呉起《ごき》。山濤の反対意見にもかかわらず、晋の武帝は地方の軍備縮小を断行し、大郡には武吏百人、小郡には五十人を配置するだけにとどめたのであるが、山濤が予見した通り、武帝が没し、恵帝《けいてい》が即位した翌年の元康元年（二九一）からおよそ十五年にわたって、八人の諸王のあいだで「八王の乱」とよばれる血で血を洗う闘争がくりひろげられ、王朝は未曽有《みぞう》の混乱の淵に沈む。さらにそれに追い打ちをかけたのは、華北の各地に入りこんでいた異民族の跳梁《ちょうりょう》であり、王朝はついに江南への逃亡を余儀なくされる。「竹林の七賢」のなかの最年長者である山濤は、老子や荘子の哲学ばかりではなく、孫武や呉起の兵法とも冥々のうちに暗合するようなすばらしい見識の持ち主なのであった。

# 第三章　嵆康の「養生論」

先に紹介したように、孫盛《そんせい》の『魏氏春秋《ぎししゅんじゅう》』は、「竹林の七賢」の交遊の場を、嵆康《けいこう》が住まった河内《かだい》郡山陽《さんよう》県の竹林に設定している。河内郡は今日の河南《かなん》省の黄河以北の地域であって、晋王室の司馬氏も河内郡温《おん》県（河南省温県）の出身であるが、山陽県は魏、晋の両王朝が都を置いた洛陽の東北およそ一二〇キロメートル、今日の河南省修武《しゅうぶ》県である。劉宋《りゅうそう》の郭縁生《かくえんせい》の『述征記《じゅつせいき》』（『芸文類聚《げいもんるいじゅう》』巻六四）によると、五世紀の当時にもまだなお嵆康の竹林跡なるものが存在した。「山陽県城の東北二十里に魏の中散大夫《ちゅうさんだいふ》嵆康の園宅あり。今は悉《ことごと》く田墟《でんきょ》となるも、父老《ふろう》（土地の故老）は猶《な》お嵆公の竹林の地と謂《い》う。時に遺竹あるを以てなり」。そしてつとに向秀《しょうしゅう》は、嵆康との交遊を「思旧《しきゅう》の賦《ふ》」（『文選《もんぜん》』巻一六）にしのび、その序につぎのように述べている。向秀も山陽県の南隣の河内郡懐《かい》県（河南省武陟《ぶちょく》県）の人であり、そこはまた山濤《さんとう》の本籍地でもあった。

僕は嵆康、呂安《りょあん》と住まいが近かった。かれらはいずれも飛び抜けた才能に恵まれていた。しかしながら、嵆康は志は高遠であるがうといところがあり、呂安は心はひろびろとしていたが気ままなところがあって、その後、それぞれ事件にまきこまれて罪に問われた。嵆康は技芸なら何でもござれ、とりわけ琴と笛の妙手であり、処刑されるにあたって、移ろいゆく日影を顧みつつ琴を求めて一曲を演奏した。僕は西へ旅立つに際し、かれの旧居を訪れた。その時、太陽は西に傾かんとし、冷たい氷が寒々と張りつめていた。隣家に笛を吹くものがあり、寥亮《りょうりょう》たる音《ね》に往昔《おうせき》の楽しかりし遊宴が今さらながらに思い出され、その音に心を動かされて嘆きに沈んだ。かくて、この賦《ながうた》を作るしだいである。

向秀は当時一流の哲学者であって、『荘子《そうじ》』の注釈として今日でも最も権威のある郭象《かくしょう》注は、実は向秀の注釈を剽窃《ひょうせつ》したものだともいわれている。その向秀と嵆康の二人は、かくも親密な仲であったのである。そして、向秀は嵆康のよき理解者でもあった。嵆康が手業《てわざ》にかけた技芸の一つに刀鍛冶《かたなかじ》があったのだが、嵆康が鍛冶を打つときには、いつも向秀が助手をつとめるのがならわしであった。向秀が嵆康を、「志は高遠であるがうとい」と評しているのも、けっしておとしめた言葉ではないであろう。世渡りがまずく、そのために刑死という不幸な人生の結末を迎えなければならなかった嵆康を深く悼《いた》んだ言葉としなければなるまい。嵆康は汲《きゅう》郡（河南省汲県）の山中で出会った道士の孫登《そんとう》から、「君は才能はたいしたものだが、保身の術がいまひとつだ」と、不幸な将来を見すかすような言葉をあたえられてもいたのであった。嵆康とならんで向秀の「思旧の賦」に名がみえる呂安も、「竹林の七賢」にこそかぞえられないものの、向秀がともに菜園作りに精を出したという人物であり、嵆康ともともとより親交があった。「明胆論《めいたんろん》」という嵆康の論文に対論者として登場する呂子《りょし》は呂安のこと。そして、嵆康の不幸な最期がそもそも呂安との関係によるものであったことは、後に詳しく説く通りである。今はひとまず嵆康の生の哲学について語ることとしよう。

　嵆康に「養生論《ようせいろん》」をタイトルとする論文がある。この論文が発表されるや、向秀は「難養生論——養生論批判——」を執筆して反論し、さらに嵆康は「答難養生論——難養生論に答う——」をもって応酬した。しかしこの場合にも、向秀が「難養生論」を執筆したのは、嵆康の「養生論」の主旨をいっそう発揚してやろうというのがそもそものねらいであったという。嵆康の「養生論」はつぎのように書きはじめられている。

世の中には、神仙は学ぶことによって成就することができ、不死は努力しだいでものにすることができると考えるものがいる。またなかには、上寿が百二十歳であるのは昔も今も変わりがなく、それ以上の寿命は怪しげででたらめだと考えるものがいる。これら両者の考えはどちらも間違いである。

中国では一般に人間の寿命の上限は百歳と考えられていたのだが、「養生論」を収める『文選』巻五三のここの箇所には、百歳にさらに二十歳を上のせして、上寿を百二十歳、中寿を百歳、下寿を八十歳とする『養生経』の文章が注釈として引用されている。それはともかく、上寿とされる百二十歳、それ以上の年寿をみとめようとはしない立場とともに、学習と努力によって永遠の生命を生きる神仙、すなわち仙人となることができると考える立場をもやはり間違いであるとして嵆康は退けているのである。とはいえ、嵆康が神仙の実在を信じなかったわけではない。それどころか、かれは神仙が実在することをかたく信じていた。「神仙は実際に目にすることはできぬけれども、書物が記載しているところや歴史が伝えているところをあれこれ検討してみると、それが実在することは疑いがない」。かれはこのように述べている。

しかしながら、嵆康の考えるところ、神仙は生まれつき特別な「異気」を自然から授かった存在なのであり、学習と努力によって後天的になれるものではないのである。だがそうではあるものの、「導養の理」を正しくつかむことによって、すなわち「気を導き性を養う」ことによって天寿を全うするならば、上は千余歳、下は数百年の長生も可能であると考えるのだ。「導養の理」の基本は、「神《しん》」すなわち精神と「形《けい》」すなわち肉体の両者を親和的な状態にさせることであり、さらにその根本は、精神を安らかに保つことである。「君子は、肉体が精神をたのみとして存立し、精神が肉体をまって存在することを知っているし、生の道理の失われやすいことを理解し、ほんのちょっとした過失が生を害《そこな》うことをわきまえている。だから、本性の修養につとめて精神を安定させ、心を安らかにして身体を健全にするのである。愛憎の念を心にとどめず、憂喜の感情を心中に住まわせず、ひっそりとして感覚をはたらかせないでいるならば、身体の気は平穏となる」。そのうえで、「吐故《とこ》納新《のうしん》や服食《ふくしょく》によって身体を養うならば、肉体と精神とをたがいに親和せしめ、両者はしっくりするであろう」。

「吐故納新」とは故《ふる》い気を吐き出して新しい気をとり納《い》れるという意味であって、新鮮な気を体内に吸収する呼吸術であり、道術の一種である。また、薬物を摂取するのが「服食」であり、美食や飲酒が御法度《ごはっと》であるのはもとよりのこと、穀物の摂取もつつしまなければならない。「辟穀食気《へきこくしょくき》——穀物を絶って気を食らう——」というのが神仙家たちの古くからの主張なのであって、嵇康は穀物のかわりに服食すべきものとして、醴泉《れいせん》、玉英《ぎょくえい》、金丹《きんたん》、石菌《せききん》、紫芝《しし》、黄精《こうせい》などをあげているけれども、金丹はともかく、それらの実体はかならずしもさだかではない。

嵇康の「養生論」にはあらまし以上のようなことが述べられているのだが、それにたいして、情欲や富貴の念は人間にとっての自然であり、ただそれを道義にもとづいて節制してゆけばよい、というのが向秀の基本的な立場なのであった。向秀は「難養生論」をつぎのように書きはじめている。

　哀楽の感情をひかえめにし、喜怒の感情をやわらげ、飲食をほどほどにし、寒暑を調《ととの》えることは、古人もこころがけたところである。だが、穀物を絶ち、滋味を去り、情欲をとぼしくし、富貴の念を抑えるという論点はどうしても承服しがたい。どうしてかといえば、そもそも人間は造化から形質を授かり、万物とならび存し、生あるもののなかで最も霊的な存在だからである。人間が草木と異なるのは、草木は風雨を避けることもできず、斤《おの》や斧《まさかり》で伐採されることも免れないからであり、人間が鳥獣と異なるのは、鳥獣は網で捕らえられることから遠ざかることもできず、寒暑から逃れることもできないからである。感情の動きのままに外物と接し、智恵をはたらかせてみずからの支えとすることこそ生あるもののすばらしいところ、智恵あるものの力量というものである。もし智恵のはたらきを閉ざしてしまってだんまりというのでは、無智と同然である。どうして智恵のあることが貴ばれようか。生があれば感情があり、感情の動きに即応するのが自然なあり方なのであって、もし感情をきり捨てて度外視するならば、無生と同然である。どうして生のあることが貴ばれようか。かつそもそも人間の欲望のあり方として、栄誉を好んで恥辱を憎み、安逸を好んで労苦を憎むのは、すべて自然に根ざしたことなのである。

向秀からこのような反論をうけた嵆康ではあったが、かれは千余歳か数百歳の長生を得るための道を模索したのであった。ただし、それ以上の永遠の生を生きる神仙は、特別の異気を授かった存在であり、学んでなれるものではなかった。それにもかかわらず、というよりもむしろそれゆえに、嵆康はしばしば神仙にたいするあくがれを詩作品のなかにうたっている。たとえば、「兄秀才の軍に入るに贈る」詩の其の十七。

乗風高逝　風に乗って高く逝《ゆ》き
遠登霊丘　遠《はる》かに霊《くす》しき丘《おか》に登る
託好松喬　好《よしみ》を松《しょう》と喬《きょう》とに託し
携手倶遊　手を携《たずさ》えて倶《とも》に遊ぶ
朝発太華　朝《あした》に太華《たいか》を発し
夕宿神州　夕《ゆうべ》に神州《しんしゅう》に宿る
弾琴詠詩　琴を弾《つまび》きて詩を詠《うた》い

聊以忘憂　聊《いささ》か以て憂いを忘る

「松」は赤松子《せきしょうし》、「喬」は王子喬《おうしきょう》。いずれも世間によく知られた最もポピュラーな神仙である。「太華」は華山《かざん》。中国の代表的な五つの名山、すなわち中岳《ちゅうがく》、東《とう》岳、南《なん》岳、西《せい》岳、北《ほく》岳とかぞえられる五岳のなかの西岳であって、陝西《せんせい》省の東端にそびえる。「神州」とはなかつくにということだが、ここでは、女仙の代表の西王母《せいおうぼ》が住まうところとされる崑崙山《こんろんざん》をその名でよんでいるのではあるまいか。崑崙山は、太陽が中天にかかるとき、ものすべての影は消えてなくなり、音声までも呑みつくされてしまう、そのような天地の中央と考えられているからだ。

嵇康には「遊仙《ゆうせん》」を詩題としてうたう五言詩の作品もある。遊仙とは仙界逍遥《しょうよう》というほどの意味である。

遥望山上松　遥《はる》かに山上の松を望めば
隆冬鬱青葱　冬の隆《さか》りにも鬱《うつ》として青葱《せいそう》たり
自遇一何高　自らを遇すること一《ひとえ》に何ぞ高きや

独立迥無双
願想遊其下
蹊路絶不通
王喬昇我去
乗雲駕六龍
飄颻戯玄圃
黄老路相逢
授我自然道
曠若発童蒙
採薬鍾山隅
服食改姿容
蟬蛻棄穢累
結友家板桐
臨觴奏九韶
雅歌何邕邕

独り立ちて迥《はる》かに双《なら》び無し
願わくは其の下に遊ばんと想うも
蹊路《みち》は絶《た》たれて通ぜず
王喬《おうきょう》は我を昇《あ》げて去《ゆ》き
雲に乗って六龍《りくりょう》に駕《が》す
飄颻《ひょうよう》とひるがえりて玄圃《げんぽ》に戯《たわむ》れ
黄老《こうろう》に路にて相《あ》い逢《あ》う
我に自然の道を授け
曠《あきら》かなること童蒙《どうもう》を発《ひら》くが若《ごと》し
薬を鍾山《しょうざん》の隅《くま》に採《と》り
服食して姿容《しよう》を改む
蟬蛻《せんぜい》して穢累《わいるい》を棄《す》て
友を結んで板桐《はんとう》に家《いえ》す
觴《さかずき》に臨《のぞ》んで九韶《きゅうしょう》を奏すれば
雅歌《がか》は何ぞ邕邕《ようよう》たる

長与俗人別　長《とわ》に俗人と別れん

誰能睹其蹤　誰か能《よ》く其の蹤《あと》を睹《み》んや

厳冬のさなかにも、「鬱」としてこんもりと、「青葱」として青々と山上に立つ一本の松。それはいったい何の象徴なのであろうか。「嵆叔夜《けいしゅくや》の人と為《な》りや、巌巌《がんがん》として孤松《こしょう》の独り立つが若《ごと》し——たかだかと一本の松が突っ立っているようだ——」（『世説《せせつ》新語《しんご》』容止《ようし》篇）とは、山濤が嵆康をその字《あざな》の叔夜でよんで評した言葉であるが、あたかも嵆康の人となりを象徴するかのような一本の松。そのもとに出かけたいと思うけれども、そこに至る道は絶たれている。「遥かに山上の松を望めば」にはじまり、「蹊路は絶たれて通ぜず」までの六句は、この世において理想を追求する道の閉ざされていることの絶望をうたうのであろう。かくして、ここにおいて嵆康の心は仙界の逍遥へと羽ばたくのだ。「王喬」はさきの詩にも登場した王子喬。王子喬はわたしを天空たかくへと誘《いざな》い、雲に乗りつつ六匹の龍に車をひかせる。「玄圃」は三層からなるといわれる崑崙山の第二層。「黄老」は黄帝《こうてい》と老子《ろうし》であるが、黄帝と老子はつとに漢代から登仙をとげた神仙と信じられていたのであった。その黄帝と老子はわたしに無為自然の道を授け、その曇りなきこと、幼くて蒙昧《もうまい》なものを啓発してくれるがごとくであった。「鍾山」は崑崙山の西北に位置するとも、崑崙山そのものであるともいわれるが、その山かげで採取した仙薬を服食したところ、たちまちにして容姿は若返った。「蟬蛻」とは、蟬《せみ》や蛇の脱皮のように、ぬけがらの肉体をあとにのこして仙去することをいう。かく、仙去をとげて世俗の「穢累」、すなわちけがれとわずらいを棄て、友人たちとともに住まいとするのは崑崙山の第一層の「板桐」。盃を前にして、太古の聖王舜《しゅん》帝の音楽である「九韶」を演奏すれば、その雅《みや》びの楽の音《ね》のなんと「豈邕」としてやわらげることか。俗人と永遠に訣別したわたし、その蹤跡《しょうせき》はもはやだれもうかがい知ることはできぬ。

# 第四章　方外の人――阮籍

『世説新語《せせつしんご》』の任誕篇《にんたん》は、「竹林の七賢」の面々がいつも竹林につどって心ゆくまで痛飲したと伝えている。「竹林の七賢」について語る際、酒はぜひともとりあげなければならないテーマの一つである。

山濤《さんとう》も八斗を酒量とするほどの酒豪であった。ところが、晋の武帝がこっそり八斗にいくらか追加して飲ませようとしたところ、きっかり八斗できりあげたという。いかにも折目正しい山濤らしい話である。当時の八斗は今日の升目《ますめ》では九升弱に相当するであろうか。それでも大変な酒量だが、ただし当時の酒は、さほどアルコール濃度が高くなかったようである。魏晋に先だつ漢代の酒に関してのことではあるけれども、十一世紀北宋《ほくそう》の沈括《しんかつ》の『夢渓筆談《むけいひつだん》』巻三につぎの記事がある。「漢代の人のなかには、一石《こく》の酒を飲んでも乱れないものがいた。わたしが酒の製法で比較してみたところ、粗米（玄米）二斛《こく》（石）ごとに六斛六斗の酒が醸造された。現在では、ごく薄い酒でも、一斛の秫《もちあわ》で一斛五斗の酒しか造れない。もし漢代の製法でゆくと、ほんのり酒気があるだけである。酒に強い連中ががぶがぶ飲んでも乱れなかったのも、別に不思議ではない」。

それはさておき、ともかく酒の量をわきまえていた山濤。そして嵇康《けいこう》も、酒にたいしてはすこぶる慎重であった。向秀《しょうしゅう》の「難養生論《なんようせいろん》」に答えた「答難養生論」に、かれは美食と飲酒が命をちぢめるもとであることを説いている。「今もし肴《さかな》や酒が長寿のもとだというのであれば、呑兵衛《のんべえ》のなかに白髪がさらに進んだ黄髪の老人がいるはずだが、聞いたためしがない。またもし好きなだけ食べるのがよいというのであれば、美食家のなかに百歳の長寿のものがいるはずだが、聞いたためしがない。……それにもかかわらず、人びとはあくせくと米作りにはげみ、わが身を犠牲にして土地を争い、親にたいする孝養、尊者にたいする捧げ物は酒と米、もてなしや宴会には嘉肴《かこう》と美酒といったありさまだが、それらがいずれも筋肉と体液を軟弱にし、もろくて腐りやすくさせることを知らないのだ。最初のうちこそ甘くて香り高いものの、いったん体内に入ると臭気《しゅうき》ふんぷん、精神はぼろぼろ、五臓六腑は汚染され、むんむんと穢《けが》れた気が立ちのぼって蝕《むしば》まれることとなる。餓鬼が忍びより、万病にとりつかれるわけであって、これを味わうものは感覚が麻痺《まひ》し、これを口にするものは命をちぢめるであろう」。

息子たちに人生の戒めを説いてきかせる嵆康の「家誡《かかい》」のなかにも、つぎの一段がある。「もし酒席に居あわせ、人がいさかいをはじめて、しだいにすさまじくなりそうな気配を察したならば、すぐにさっさとひきあげるべきである。それはなぐりあいの喧嘩《けんか》に発展する兆候だからだ。居のこって見物していれば、必ず両者のどちらが間違っているか、どちらが正しいかがわかり、ときには発言をせざるを得ない羽目にたち至るであろう。発言をすれば、どちらか一方が正しいことになり、間違っているときめつけられた側は、自分では正しいと信じているから、間違いだときめつけたのは相手にひいきしている証拠だと考え、怨みの気持ちをいだくことになる。はたまた、だれかが侮辱的な言辞をあびせられているのに、黙って見物しているだけで、両者の是非がわかっていながら、いさかいにけりをつけないようでは、優柔にして武ならず、正義にもとることになる。だから逃げ出すべきなのだ」。もし万が一、逃げ出せない場合には酔いつぶれてしまうがよい、と教えているのが面白いが、しかしながら「家誡」の最後は、またあらためて酒についてのお説教で終わっている。「しつこく他人に酒を無理強いしてはならない。相手が飲まなければ、やめることだ。もし人から酒をすすめられたなら、盃をうけ、さからってはならないが、ほろ酔いのところできりあげる。自制がきかないまで泥酔することは断じてならぬ」。

とはいえ、嵇康がまったく酒をたしなまなかったわけではない。それどころか、「絶交書《ぜっこうしょ》」には、つぎのような言葉さえあらわれるのだ。「濁酒《だくしゅ》一杯、弾琴《だんきん》一曲、志願畢《つ》くせり——濁《にご》り酒《ざけ》をぐいと一杯やり、琴を一曲演奏することができるならば、それでもう本望《ほんもう》です——」。「絶交書」は、吏部郎《りぶろう》から他の官職に転任することとなった山濤が、後任として嵇康を推薦したとき、自分には宮仕えに我慢ができぬ七つの条件と不向きな二つの条件があることを述べて吏部郎就任を謝絶した書簡であり、そのなかに、「毎《つね》に湯武《とうぶ》を非《そし》って周孔《しゅうこう》を薄《うと》んず——僕はつねづね殷《いん》の湯王や周の武王を誹謗《ひぼう》し、周公や孔子を馬鹿にしています——」、このような激しい言葉があらわれることで有名である。殷の湯王、周の武王、周公、孔子、いずれも儒教が聖人としてあがめるところ。その「絶交書」には、「養生論《ようせいろん》」とあい呼応して、「僕は最近、養生の術を学んでおり、いまや栄華を忘れ、口からは滋味を去り、心を寂寞《せきばく》たる境地に遊ばせ、無為なる生き方をこよなくすぐれたものと考えています」とも述べられているのだが、このようにすでに滋味を口から去ったはずの嵆康が、また同時に、「濁酒一杯、弾琴一曲、志願畢《つ》くせり」と述べているのである。それだけではない。嵆康には酒のつどいをうたった「酒会詩《しゅかいし》」七首の作品もあり、先に紹介した山濤の「嵆叔夜《けいしゅくや》の人と為《な》りや、巌巌《がんがん》として孤松《こしょう》の独り立つが若《ごと》し」という嵆康評は、「其の酔えるや、傀俄《かいが》として玉山《ぎょくざん》の将《まさ》に崩れんとするが若《ごと》し」とつづくのだ。七尺八寸、今でいえば一九〇センチメートルほどの長身であったと伝えられる嵆康。その人の酔いっぷりは、がらがらと玉《ぎょく》の山が今にも崩れんとする勢いだ、というのである。

それにしても、「竹林の七賢」のなかの酒徒といえば、まず第一に推さなければならないのは、やはり阮籍《げんせき》であろう。西善橋墓《せいぜんきょうぼ》の磚画《せんが》でも、阮籍は足を投げ出し、左手をつき、右手で盃を口に運んでいる姿に描かれている。『世説新語』からいくつかの阮籍の酒に関する話を拾おう。

歩《ほ》兵校尉《へいこうい》のポストがあいた。そこの厨房《ちゅうぼう》には数百石の酒が貯蔵されていた。阮籍はそこでたのみこんで歩兵校尉にしてもらった。（任誕篇）

歩兵校尉は宮城の警固にあたる職。阮籍が阮歩兵とよばれることがあるのは、このためである。

阮籍の隣の家のおかみさんはなかなかの別嬪《べっぴん》、居酒屋をやっている。阮籍は王《おう》安豊《あんぽう》（王戎《おうじゅう》）といつもそのおかみさんのところで酒を飲んだ。阮籍は酔っぱらうと、すぐおかみさんの横で寝てしまう。亭主はさいしょひどく疑ったが、よく観察してみると、下心《したごころ》はまったくなかった。（任誕篇）

晋の文王は功業まことに目ざましく、その席は厳粛で王者と見まがうばかりであったが、ひとり阮籍だけはその席であぐらをかいたまま放歌高吟《ほうかこうぎん》し、好きなだけ酒を飲んで平然としていた。（簡傲《かんごう》篇）

晋の文王とは司馬昭《しばしょう》のこと。阮籍は大将軍に就任した司馬昭から従事中郎《じゅうじちゅうろう》の職に召され、歩兵校尉に遷《うつ》ってからも、たえず大将軍の幕府に遊んで宴席に顔を出していたのであった。

阮氏の人たちは酒豪ぞろいだった。仲容《ちゅうよう》が一族のところに出かけてパーティーを開くときには、もはや普通の盃では酒をくまず、大きな甕《かめ》になみなみと酒を盛り、車座《くるまざ》になってさし向かいでぐいぐいやった。ときには豚の群れが飲みにやってくることがあったが、さっさと上座に迎えいれ、いっしょに飲むのだった。

（任誕篇）

仲容はやはり「竹林の七賢」の一人にかぞえられる阮咸《げんかん》の字《あざな》であって、阮籍の兄の子である。このようなパーティーに阮籍が出席しなかったはずはあるまい。ただし、阮氏一族とはいっても、阮籍と阮咸たちは道路の南側に住まって「南阮《なんげん》」とよばれ、貧乏人ばかりの南阮の人たちと、道路の北側に住まって金持ちぞろいの「北阮《ほくげん》」の人たちとのあいだには、いくらかぎくしゃくした関係があったようである。七月の七日、虫干しの日にあたって、北阮の人たちがこれ見よがしに絹物や錦の衣裳をならべると、阮咸は竿《さお》の先に大きな犢鼻褌《とくびこん》をぶらさげ、「まだ俗っ気が抜けきらないので、ちょっとああやってみたまでさ」、そううそぶいたという。「犢鼻褌」とはふんどし。

ちんちんのあたる部分が犢鼻、すなわち子牛の鼻先のようなかっこうになるのでこの名がある。「竹林の七賢」のなかにはかぞえられないものの、やはり阮籍の一族の阮《げん》脩《しゅう》も酒を愛した。阮脩は車は使わずにいつも徒歩で外出し、百文の銭を杖《つえ》の先にぶらさげ、居酒屋につくと、一人いい気分で酔っぱらっていたという。しかしながら、世にときめく貴顕のところには、まったく足を向けようとはしなかったという。

　ところで、阮籍が口にしたのは、右の話にみられるような楽しい酒ばかりではなかったであろう。むしろ、苦い酒を口にするのがしばしばであったようだ。「觴《さかずき》に臨みて哀楚《あいそ》多く、我《わ》が故時《こじ》の人を思う。酒に対《むか》いて言う能《あた》わず、悽愴《せいそう》として酸辛《さんしん》を懐《いだ》く」。あわせて八十二首をかぞえる「詠懐詩《えいかいし》」、其の三十四にかれはこのようにうたっている。「哀楚」といい「酸辛」というのは、やり場のない索莫《さくばく》たる悲哀の感情のことである。東晋の王忱《おうしん》なる人物は、「阮籍の胸中の塁塊《るいかい》、故《もと》より須《すべか》らく酒もてこれを澆《そそ》ぐべし——阮籍の胸のなかに蓄えられた固いしこりは、酒で洗いながす必要があったのだ——」と語っているが、阮籍の酒を評してまことに的確な言葉としなければなるまい。というのも、阮籍の酒に関して、『世説新語』任誕篇はつぎのようないくつかの話を伝えているからだ。

阮籍は母親の葬儀に際しても、またその喪中にも、ふだんと変わらず酒を飲み、肉を食らった。社会一般のしきたりでは、親がなくなれば、儒教の古典のさだめるところに従って、三年の喪に服し、その間、酒を飲んではならぬのはもとよりのこと、肉を食らうことにも制限が加えられるのだが、阮籍はそのようなしきたりを無視したのである。しかしながら、かれの慟哭《どうこく》は深くはげしく、まるで病人のように衰弱の極に達したのであった。

阮籍は母親の葬儀にあたって、まるまるふとった一匹の豚を蒸《む》し、二斗の酒を飲んだうえ、最後の別れの場にのぞんだ。「窮せり――だめだ――」とたった一言いったきり、わっと号泣すると、そのまま血を吐き、しばらくのあいだぐったりしていた。

阮籍は母親がなくなった際、晋の文王（司馬昭）の席で酒や肉をせっせと口にはこんだ。司隷校尉《しれいこうい》の何曽《かそう》も同席しており、こう発言した。「閣下はおりしも孝のイデオロギーをもって天下を治めてゆこうとしておられる。しかるに阮籍は、親がなくなったというのに、閣下の席で公然と酒を飲み肉を食らっております。海外に追放して風紀を粛正なさるべきです」。文王はいった。「嗣宗《しそう》はあんなにやつれきっている。君はかれと悲しみを分かちあうこともできぬのに、なんという言い草だ。そのうえ、病気ならば酒を飲み肉を食べるのは、ちゃんと喪中の礼にかなったことなのだ」。阮籍は酒を飲み肉を食らいつづけて涼しい顔をしていた。

司隷校尉は首都圏の警察の総元締めであって、さしずめ警視総監といったところ。嗣宗は阮籍の字《あざな》。司馬昭の言葉は、儒教の古典である『礼記《らいき》』曲礼《きょくらい》篇につぎのようにあるのにもとづく。「喪《も》に居《お》るの礼、頭に創《きず》あれば則ち沐《もく》し、身《からだ》に瘍《できもの》あれば則ち浴し、疾《やまい》あれば則ち酒を飲み肉を食らい、疾止《や》めば初めに復《ふく》す」。

阮籍が貴んだのは、人間の自然な感情とその自然な感情にもとづく真率《しんそつ》な行為であった。『後漢書《ごかんじょ》』の陳蕃《ちんばん》伝につぎのような話がある。趙宣《ちょうせん》なるおとこ、親を葬ったのちにも墓道を閉じることなく、三年の喪はおろか、墓室のなかで二十年あまりの喪に服し、これぞまことの孝行者との評判がたって、州や郡からのお召しがあいついだ。ところが、いざ調査してみたところ、五人の子供すべてが喪中に生まれていたことが判明した。喪中に夫婦の交わりをもつのは、もってのほかのことなのである。阮籍に先だつことおよそ一世紀、親の死をすら売名に用いようとしたまことにおぞましい猿芝居。阮籍が憎んでやまなかったのは、このような偽善であり、偽善者であった。俗物であり、俗物どもの行為であった。俗物とは、自然な感情と行為を圧殺するところの礼教に呪縛《じゅばく》され、本来の自己を見失った人間のことである。

阮籍は好ましき同志には青眼をもって接し、唾棄《だき》すべき俗物には白眼をもって接した。青眼とは普通の目つき、白眼とは上目をつかってあらぬ方向を見ることだという。かれは、「礼は豈《あ》に我《わ》が輩《はい》の為《ため》に設けんや――礼の規律はわしらのために設けられたものではあるまい――」とも語っている。里帰りする嫂《あによめ》を見送った阮籍を、「嫂叔《そうしゅく》は問《もん》を通ぜず――嫂と義弟とは挨拶をかわさない――」と『礼記』曲礼篇にあるのをたてにとってとやかく非難したものに投げつけた言葉である。「阮は方外《ほうがい》の人、故に礼制を崇《あが》めず」とは、裴楷《はいかい》なる人物が阮籍を評した言葉である。礼教規範が支配するところの世俗が「方」であり、そのような世俗を超越したところが「方外」であって、もとづくのは『荘子《そうじ》』大宗師篇《だいそうし》のつぎの話である。子桑戸《しそうこ》が死んだとき、仲間の孟子《もうし》反《はん》と子琴張《しきんちょう》の二人は、その骸《むくろ》を前にして、「嗟来《ああ》、桑戸よ、嗟来《ああ》、桑戸よ、而《なんじ》は已《すで》に其の真に反《かえ》りしに、我らは猶《な》お人たり、猗《ああ》」とうたっていた。そのことを知った孔子は、こうつぶやいた。「彼は方の外に遊ぶ者なり。丘《われ》は方の内に遊ぶ者なり」。ともかく、司隷校尉何曽のごときは、阮籍にとって、最も唾棄すべく、白眼をもって接すべき人物であったろう。阮籍が完全に無視したことを思うならば、白眼をもって接するにすらあたいしない人物であったのかもしれぬ。何曽が阮籍に向けて放った非難は、権力者の司馬昭ですら嫌悪をもよおさざるを得ぬほどの、礼教の許容するところをさえ逸脱した刻薄《こくはく》なものであったからである。

# 第五章　劉伶の「酒徳頌」と阮籍の「大人先生伝」

「竹林の七賢」のなかで、阮籍《げんせき》にまさるとも劣らず酒に沈湎《ちんめん》したのは劉伶《りゅうれい》であった。劉伶は六尺、つまり一四〇センチメートルそこそこの小男、風采もさっぱりあがらなかったが、いつも小さな手押し車に乗り、一壺の酒をたずさえ、その後からスコップを持った一人のおとこを従わせて、こういうのであった。「わしがくたばったなら、すぐに埋めるのだ」。戴逵《たいき》の「竹林七賢論」は、阮籍と劉伶が歩兵校尉の役所の厨房《ちゅうぼう》で飲み、二人とも酔いつぶれてそのまま死んでしまったという話を伝えている。この話は、『世説新語《せせつしんご》』に注をほどこした劉孝標《りゅうこうひょう》も指摘しているように好事家《こうずか》の作りごとにちがいないが、だがそれにしても、劉伶の酒は常軌を逸してまことにすさまじく、すがすがしくさえある。『世説新語』の任誕篇《にんたん》につぎの話がある。

劉伶はアル中のため、焼けつくような喉《のど》の渇《かわ》きをおぼえ、妻に酒をせがんだ。

妻は酒を流し、酒器をたたきわって涙ながらに意見した。「あなたはお酒の度が過ぎます。おからだによくありません。断《た》たれないとだめです」。劉伶「いかにも。だが、わしは自力ではやめられん。神さまに祝詞《のりと》を捧げ、誓いをたてて断つよりほかにはない。さあ、酒と肉をととのえるのだ」。妻は「かしこまりました」といい、酒と肉を神前に供《そな》えると、劉伶に祝詞を唱え誓いをたてるようながした。劉伶は跪《ひざまず》いて祝詞を唱えた。「天は劉伶を生み、酒を以て名と為《な》す。一飲には一斛《こく》、五斗もて酲《てい》を解《と》く。婦人の言、慎《つつし》んで聴《き》く可《べ》からず――天はわれ劉伶を生み、酒をば誉《ほまれ》としたまえり。一度の酒量は一石、酔いざましには五斗。女の言葉など、ゆめ耳をかされまじ――」。そして酒をひきよせ、肉をほおばると、もうすでにぐんなりと酔っぱらっていた。

すさまじいが、しかしそれでいてそこはかとなくユーモラスな酒。宋の蘇東坡《そとうば》が自分の奥方を、「大いに勝《まさ》る劉伶の婦《つま》の、区区《くく》（こせこせ）として酒銭の為《ため》にするに」（「小児」）とうたっているのは、この話にもとづくのだ。
劉伶には「酒徳頌《しゅとくしょう》――酒のほめうた――」（『文選』巻四七）の作品もある。「酒徳頌」の主人公は、「唯《た》だ酒のみを是《こ》れ務めとする」ところの大人《たいじん》先生。大人先生はもとより劉伶みずからの形象化であり、「酒徳頌」はかれの気概のほどを託した作品であったといわれる。「礼法を陳説」してさかんにいきりたち、非難をあびせかける貴介公子《かいこうし》と搢紳処士《しんしんしょし》の二人を歯牙《しが》にもかけず、大人先生は、「罌《さかがめ》を捧げて槽《さかだる》に承《う》け、杯《さかずき》を銜《ふく》みて醪《どぶろく》で漱《くちすす》ぎ、髯《ひげ》を奮《ふる》って踑踞《あぐら》をかき、麹《こうじ》を枕として糟《さかがす》を藉《しとね》とすれば、思いも無く慮《わずら》いも無く、其の楽しみたるや陶陶《とうとう》、兀然《ごつぜん》（ごろり）として酔い、豁爾《かつじ》（からり）として醒《さ》め」る。このようにして、大人先生を前にした貴介公子と搢紳処士の二人は、蜾蠃《から》（じがばち）と螟蛉《めいれい》（くわむし）の関係にたとえられている。蜾蠃が螟蛉の子を養ってわが子とするといわれるように、二人は大人先生によって感化され、完全にスポイルされてしまうというわけだ。

酒びたりの劉伶は、一糸まとわぬすっ裸のまま部屋にいることもあった。それを見とがめて文句をつけた相手を、かれはこうあざけった。「僕にとっては天地がわが家、そのなかの部屋は猿股《さるまた》。諸君はなぜ僕の猿股のなかなんかにもぐりこんでくるのだ」。この話からすぐに連想がおよぶのは、阮籍の「大人先生伝」である。そこにも、世俗の君子人を猿股のなかをはいずりまわる蝨《しらみ》にたとえたくだりがあるからだ。「猿股を住処《すみか》とする蝨は、縫い目のなかに逃げこみ、ぼろぼろの糸のなかにかくれて、めでたい場所だと思いこんでいる。その行動の範囲はといえば、縫い目から離れようとはせず、猿股の外に出ようとはせず、ところを得ていると思いこんでいる。腹がへれば人をかみ、食べ物にことかくことはないと思いこんでいる。ところが、劫火《ごうか》の炎が燃えさかり、町や都を焼き尽くすとき、蝨どもは猿股のなかでのたれ死にして逃げ出すことができぬ。汝たち君子人がこの限られた域中《いきちゅう》を住処としているのは、蝨が猿股のなかを住処とするのと何のちがいがあろうか」。

話はすこし横道にそれるが、魏晋の人びとにとって蝨がとてもなじみ深い小動物であったことを、五石散《ごせきさん》の服用と関連づけて論じた面白い講演筆記の文章が魯迅《ろじん》にある。五石散というのは、紫石英《しせきえい》、白石英《はくせきえい》、赤石脂《せきせきし》、石鍾乳《せきしょうにゅう》、石硫黄《せきいおう》なる五種類の鉱物性の薬剤をつかって調剤される散薬であるが、それを服用すると幻覚症状が生じ、その幻覚を楽しむために、五石散の服用は魏晋の人びとのあいだで大流行したのであった。魯迅はこう語っている。「また、薬（五石散）を飲むと、皮膚がすりむけやすくなるのですから、靴をはくのも工合がわるい、そこで靴や靴下をはかないで、下駄をはくようになったのです。……また皮膚がすりむけやすいから、新しい着物はきられず、古い着物をきる方がよいから、着物はあまり洗濯ができない。洗濯をしないから、蝨がわく。ですから文学において蝨の地位が大へん高くなって、「蝨をとりながら語る」というのが、当時は風流事としてつたえられたのであります。たとえば私が今こうして講演をしながら、蝨をとったりしたら、あまり立派なこととはいえませんが、その頃ではなんでもないことでありました、習慣のちがいだからです」（「魏晋の気風および文章と薬および酒の関係」、増田渉氏訳による）。

嵆康《けいこう》のからだにも、やはり蝨が宿っていた。「ほんのしばらく正座するだけでも、足がしびれて動かすことができず、おまけに生まれつき蝨がたくさんわいて、たえずぼりぼりかいています。それだというのに、衣冠に身をつつみ、上官に拝礼しなければならないなんて、これが宮仕えに我慢のならない第三の点です」。嵆康は「絶交書」にこのように述べている。

劉伶の「酒徳頌」が主人公を大人先生と命名したのは、おそらく阮籍の「大人先生伝」からヒントを得てのことであったろう。阮籍が「大人先生伝」を執筆したいきさつは、そもそもつぎのようなものであった。あるとき、今日の河北《かほく》省と山西《さんせい》省の省境を南北に走る太行《たいこう》山脈の一支脈である蘇門山《そもんざん》に出かけた阮籍は、そこで一人の真人と出会った。真人とは神仙である。阮籍は上《かみ》は太古の聖人である黄帝《こうてい》や神農《じんのう》の幽玄の道について述べ、下っては夏《か》、殷《いん》、周《しゅう》三代の黄金時代の盛徳のすばらしさをとりあげ、それについて質問をするが、相手の真人はきっと顔をあげたまま答えようとしない。さらに「棲神導気《せいしんどうき》の術」、つまり精神を安らかに保って宇宙の気を体内に導きいれる神仙術について語るが、真人はやはりまばたき一つしない。阮籍はそこで長嘯《ちょうしょう》してみせた。先にも述べたように、嘯とは口笛のことである。阮籍は嘯の名人であり、かれの嘯は数百歩の遠くにまで響きわたったという。すると、真人はしばらくしてからにっこりと笑い、「もう一度やってみろ」といった。阮籍はあらためて嘯を行ない、はればれとした気分になった。嶺の中腹のあたりまでもどってきたとき、にわかに山上からウァーンと音がきこえ、まるで数隊のオーケストラのように林や谷にこだました。振りかえってみると、真人が嘯を行なっているのであった。『世説新語』の棲逸《せいいつ》（隠棲）篇はこのような不思議な一話を伝えているのだが、阮籍は蘇門山からもどると、「大人先生伝」を著わしたのだという。そしてその文章に、日頃から心にいだいている考えを盛りこみ、大人先生と自分の立場がおなじであることを明らかにしたのだという。

「大人先生は蓋《けだ》し老人なり。姓も字《あざな》も知らず。天地の始まりを陳《の》べ、神農と黄帝の事を言いて昭然《しょうぜん》たり。其の生平の年（この世にありし年）の数を知る莫《な》し。嘗《か》つて蘇門の山に居《す》まいたれば、故に世に或《あ》るいはこれを（蘇門先生と）謂《い》う」。このように書きはじめられる「大人先生伝」も、劉伶の「酒徳頌」が貴介公子と搢紳処士を笑いとばしているように、まず最初に笑いとばすのは礼教の金縛りになっている世俗の君子人であり、かれらを猿股のなかをはいずりまわる蝨にたとえているのだ。かれらをそのようにたとえるのに先だって、大人先生はまことに相手の意表をつく言葉をかれらに投げかけている。「往者《そのかみ》、天は嘗《か》つて下に在り、地は嘗つて上に在り、反覆顚倒《はんぷくてんとう》して未《いま》だこれ安固ならず」。天地ですらひっくり返る。かつて下にあった天が上となり、上にあった大地が下となったのであり、天が上、大地が下であるのを安定した状態であると考えるのはとんでもない間違いなのだ。ましてや、汝たち君子人がありがたく奉ずる言行の規範など、どうして恒常不変の真理とすることができようか。「焉《いず》くんぞ度式を失わずしてこれを常とすることを得んや」。大人先生によって笑いとばされている君子人。それはこせこせした偽善者であり、えせ君子にほかならぬ。それにたいして大人先生は、「造物《ぞうぶつ》と体を同じくし、天地と並び生じ、浮世《ふせい》を逍遥《しょうよう》して道と倶《とも》に成り、変化して散聚《さんしゅう》して其の形を常とせざる」ところの存在なのである。つまり、造物者と一体であって、天地とともに生まれ、根源の「道」とともに消長変化を繰り返し、一定の形をもたぬ存在なのである。一定の形をもたず、時間と空間を超越した存在である大人先生は、それゆえに天地宇宙のなかを自由自在に逍遥する。

君子人が大人先生によって笑いとばされているだけではない。逍遥の旅の途中で出会った隠士ですら、「子《なんじ》の好む所は何ぞ言うに足らんや。吾は将《まさ》に子《なんじ》を去らん」とまったく相手にされず、山中に薪《たきぎ》を拾うものにたいしてだけ、「大には及ばずと雖《いえど》も、小を免るるに庶《ちか》からん――大なる立場にはとても及ばぬが、どうにか小なる立場を免れることができよう――」と、いささかのはげましの言葉がかけられている。

かくして、大人先生はつぎのようにうそぶくのだ。「無外を廓《ひら》いて以て宅《すまい》と為《な》し、宇宙を周《めぐ》らして以て廬《いおり》と為し、八維《はちい》を彊《ひきし》めて処《お》ることは安く、制物を攬《ふんま》えて以て永《とこ》しえに居《お》る」。「無外」とは無限のさらに外の世界。「八維」とは、傘や天幕の骨のように、天地を天地として成形するために張られた八本の太綱。「制物」すなわち制《つく》られし物とは、八維を張って作られた天地。右のようなあり方こそ、真の富貴の名にあたいするのだ。「夫《そ》れ是の如《かく》くにして則ち富貴と謂《い》う可《べ》し」。だから、「是の故に堯《ぎょう》舜《しゅん》と徳を斉《ひと》しくせず、湯武《とうぶ》と功を並べず、王許《おうきょ》も以て匹《たぐい》と為《な》すに足らず、陽丘《ようきゅう》も豈《あ》に能《よ》く与《とも》に蹤《あしあと》を比《なら》べんや。天地すら且《か》つ其の寿《よわい》を越ゆる能《あた》わず、広成子《こうせいし》も曽《すなわ》ち何ぞ与《とも》に容《すがた》を並ぶに足らんや」。堯と舜、それに殷の湯王と周の武王、いずれも儒教が理想と仰ぐところの聖天子であるが、かれらの徳も功業もものの数ではない。「王許」は王《おう》倪《げい》と許由《きょゆう》。許由は堯から天下を譲られようとしながらそれを峻拒した人物であり、また『荘子《そうじ》』の天地篇に、「堯の師を許由と曰《い》い、許由の師を齧缺《げっけつ》と曰い、齧缺の師を王倪と曰う」と、王倪を許由の先々代の師匠とする文章がある。「陽丘」は伯陽《はくよう》と孔《こう》丘《きゅう》、すなわち老子と孔子。王倪も許由も、老子も孔子も、大人先生とはまったくくらべものにはならぬというのだ。広成子は黄帝《こうてい》が「道」の至要についてたずねたという『荘子』在宥《ざいゆう》篇中の人物だが、天地よりも長寿である大人先生にかかっては、その広成子ですらまったくのかたなしなのだ。「八風を激《かきた》てて以て声を揚《あ》げ、元吉の高き蹤《あしあと》を躡《ふ》み、九天を披《ひら》いて以て開除し、雲気に乗りて以て飛龍に馭《ぎょ》し、上下を専《ひとり》じめにして以て制統し、古今を殊《こと》にして靡同《びどう》す。夫《か》の世の名利、胡《なん》ぞ以てこれを累《わずら》わすに足らんや」。「八風」すなわち天地の八方から吹きおこる風をかきたててうなり声をあげ、「元吉」すなわち至善のめでたき道を闊歩しつつ、中央と四方四隅にひろがる九天をからりと開き、雲気に乗って空飛ぶ龍を駕御《がぎょ》し、天地の上下すべてをわがものとして支配し、古今のちがいをひとつにしてしまう。「靡同」の靡は「糜《び》」に通じ、お粥《かゆ》のようにどろどろにすることであろう。「古今を殊にして靡同す」とは、つまり、悠久無限の時空を生きる大人先生にかかれば、歴史すらかき消されてしまうというのであろう。このような大人先生が、世俗の「名利」、名声利益によって心をわずらわされることなどありはしないのである。

胸がすくように痛快な「大人先生伝」。それは絶対の自由に向かって放たれた阮籍の心の表白にほかならなかった。「大人先生伝」の大人先生は、そのスケールにおいて、「酒徳頌」の大人先生をもはるかに上まわるのである。

# 第六章　広陵散——嵆康

「竹林の七賢」について語るとき、酒とともに、音楽もまた是非ともとりあげなければならないテーマの一つである。

「竹林の七賢」のなかには、音楽を解し愛する人物がすくなくなかった。西善橋墓《せいぜんきょうぼ》の磚画《せんが》が、「竹林の七賢」に加える一人として特に栄啓期《えいけいき》を選んだのも、栄啓期が楽しげに琴をかきならしつつ歌っていたと伝えられる人物であったことも一つの理由であったのかもしれぬ。そして西善橋墓磚画の阮咸《げんかん》像は、いくらかマンドリンに似た円い胴の楽器を腕にかかえて爪弾《つまび》く姿に描かれている。阮咸が腕にかかえているのは、阮咸その人の製作にかかるといわれ、そのため「阮咸琵琶《びわ》」の名でよばれる楽器にほかならない。絵入り百科とでもいうべき『三才図会《さんさいずえ》』は、次頁の図につぎのような説明をそえている。「唐の則天武后《そくてんぶこう》時代（七世紀後半から八世紀初）のこと、蜀《しょく》（今日の四川《しせん》省）の蒯朗《かいろう》なるもの、古墓のなかから銅製の器物を発見した。琵琶に似ているが円いかっこうをしている。世人には何であるのかわからなかったが、元行沖《げんこうちゅう》は阮咸が製作したものだといい、職人に命じて木で試作させた。その胴は月のように円く、その音色は琴に似ていたので、ひとまず月琴《げっきん》と名づけた。杜佑《とゆう》は、「竹林の七賢図」のなかの阮咸が爪弾いているものとそっくりだったので、阮咸とよぶこととした」。元行沖も杜佑も唐代の博識の学者。

杜佑が見た「竹林の七賢図」がだれの作品であったのかはともかく、また阮咸琵琶が本当に阮咸の製作に由来するのかどうかはさておき、阮咸は音楽家に特有のすばらしい耳をもっていたようである。『世説新語《せせつしんご》』の術解《じゅっかい》（技芸）篇につぎの話がある。

荀勗《じゅんきょく》は音をよく聴きわけ、世評では「闇解《あんかい》――第六感的理解――」と評した。かくて音律をととのえ、雅楽《ががく》の改革にあたった。新年宴会の際、宮廷で音楽を演奏するたびに、みずから音階を調律し、ぴたりと音律にかなった。阮咸はすばらしい耳をもち、当時、「神解《しんかい》――神わざ的理解――」

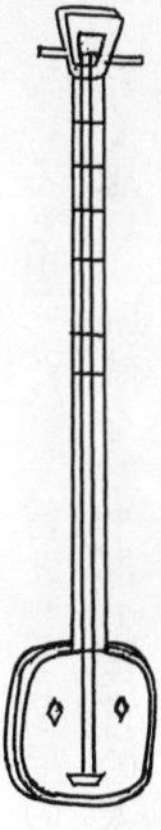

阮咸

とよばれていたが、公式の宴会で音楽が演奏されるたびに、内心、調子がはずれているると思った。一言として荀勗の音律がただしいといわないので、荀勗はけむたく思い、阮咸を始平《しへい》郡の長官の太守に転出させた。その後、一人の農夫が田を耕していたところ、周代の玉製の物差《ものさし》を見つけた。これぞ天下の標準となるべき物差である。荀勗がためしにそれをつかって自分が製作した鐘《かね》や太鼓《たいこ》をはじめとする打楽器、弦楽器、管楽器のたぐいを調べてみたところ、どれも黍《きび》一粒分ずつ短いことに気づいた。そこで、阮咸の神わざ的な鑑識力に舌をまいた。

正しい物差にもとづいて調子笛《ピッチパイプ》を作り、それによって楽器を調律するのであって、黍《きび》粒は度量衡の最小の基本単位となり、一粒の黍の直径が一分、二千四百粒の黍の容量が一合、百粒の黍の重量が一銖《しゅ》とされる。晋の武帝から雅楽の改革を命ぜられた荀勗は秘書官府の長官である中書監《ちゅうしょかん》、阮咸はその部下の散騎侍郎《さんきじろう》であったのだが、荀勗が調律した音は、阮咸には高すぎて悲しく感じられ、『詩経《しきょう》』の序に「亡国の音《おん》は哀《かな》しくして以て思い、其の民は困《くる》しむ」というものであって、朝廷で演奏される雅楽にふさわしくないと考えたのであった。

「竹林の七賢」と音楽といえば、阮籍《げんせき》に音楽について論じた「楽論《がくろん》」という論文がある。そして嵇康《けいこう》にも、「声無哀楽論《せいむあいらくろん》——声に哀楽無きの論——」という哲学論文がある。音声は無記的なものであってそれ自体に哀楽があるわけではなく、哀楽は人間の心に存在することを論旨とするこの論文には、たとえばそのことが、つぎのような比喩をつかって述べられている。「音声が人の心を感動させるのは、あたかも酒が人の感情に作用するようなものである。酒は甘いか辛いかを主要な性質とするのであるが、酔っぱらいは喜びや怒りの感情をあらわにする。歓びや悲しみの感情が音声によって発せられるのをみて音声そのものに哀楽がそなわっているのだと考えるのは、あたかも喜びや怒りの感情が酒によっておこるのをみて酒そのものに喜怒の理がそなわっているのだと考えるのと同様に間違いである」。

阮籍の「楽論」は「大人先生伝《たいじんせんせいでん》」の豪放磊落《ごうほうらいらく》な趣とは異なって、意外にもいささか古典的である。嵇康の「声無哀楽論」も、音声それ自体に哀楽があるのかないのか、それは当時の貴族文人たちの談論、いわゆる「清談《せいだん》」の一つの重要なテーマであっただけに、なかなか難解である。それにくらべて嵇康の「琴の賦《ふ》」は、いかにもその人にふさわしい文学作品である。阮籍が酒を愛してやまなかったように、嵇康が愛してやまなかったのは、琴の音楽なのであった。「琴の賦」の序には、琴の音楽にたいする嵆康の深い思い入れがつぎのように語られている。

僕は幼いころから音楽のマニアであり、成人するにつれてそれを手すさびとした。物には盛衰があるけれども、音楽には心移りのすることがない。滋味にはあきることがあるけれども、音楽にはうんざりすることがない。それでもって精神を導き養い、感情をのびやかになごやかにすることができるのであって、困窮孤独の境遇にあっても煩悶《はんもん》せずにおられるのは、音楽より手っとりばやいものはないであろう。だから、繰り返し語っても満足できないときには、吟詠して志をのばし、吟詠しても満足できないときには、文学作品にことよせて思いをはらすのである。ところで、さまざまの楽器や歌舞の姿について歴代の才士たちはみな賦《ふ》や頌《しょう》を作っているが、その作品のできばえは似たりよったりのものばかりである。その材料をたたえては高く険しいところに産することをもって最高とし、その音声をうたっては悲哀を主とし、その感化を美化しては涙をさそうことを貴しとしている。美しいことは美しいが、道理が十分に尽くされてはいない。その理由を推しはかってみると、もともと音楽が理解できていないからのようであり、その趣旨をみてみると、礼楽《れいがく》の本質がよくわかっていないのである。さまざまの楽器のなかでも、琴の徳が最もすぐれている。それで、思いを述べつづって賦《ながうた》を制作する次第である。

「琴の賦」は、琴の材料となる椅《いいぎり》と梧《あおぎり》が育つ高山のありさまにはじまり、椅と梧が琴に仕上げられる過程、そして琴の音楽のすばらしさをさまざまの角度からうたいあげ、そのなかには、月光のさびさびとさえわたる冬の夜、高殿で琴の音《ね》にあわせて詠ぜられるつぎのような歌曲もさしはさまれている。

凌扶揺兮憩瀛洲　扶揺《つむじかぜ》を凌《しの》いで瀛洲《えいしゅう》に憩《いこ》い
要列子兮為好仇　列子《れっし》を要《もと》めて好《よ》き仇《とも》と為《な》す
餐沆瀣兮帯朝霞　沆瀣《こうかい》を餐《く》らいて朝霞《ちょうか》を帯《お》び
眇翩翩兮薄天遊　眇《はる》かに翩翩《ひらひら》と天に薄《せま》りて遊ぶ
斉万物兮超自得　万物を斉《ひと》しくして超《ちょう》として自得《じとく》し

## 委性命兮任去留　性命に委《ゆだ》ねて去留に任《まか》す

「瀛洲」は東方の渤海《ぼっかい》の海上に浮かぶ神山、すなわち神仙の住まうところ。そこで友とするのは、『荘子《そうじ》』の逍遥遊《しょうようゆう》篇に「列子は風に御《の》りて行き、冷然《かろやか》にして善《たくみ》なり」とみえる列子。「沆瀣」は北方の夜半の気、「朝霞」は太陽が昇りそめたばかりの赤黄色の気。屈原《くつげん》の作品とされる『楚辞《そじ》』の遠遊《えんゆう》篇に「六気《りくき》を餐《く》らいて沆瀣を飲み、正陽《せいよう》に漱《くちすす》ぎて朝霞を含む」とあるのにもとづくが、嵆康は「答難養生論《とうなんようせいろん》」においても、養生の方法として、「原初の状態において玄妙に根づけを行ない、朝霞を吸って精神を活性化させる」べきだと述べているし、「二郭《にかく》に答うる詩」三首の其の二にも、「豈《あ》に若《し》かんや区外《くがい》に翔《かけ》りて、瓊《たま》を餐《く》らい朝霞に漱《くちすす》がんには」の句がある。「沆瀣を餐らいて朝霞を帯ぶ」とは、要するに服気の術（呼吸法）のことなのだ。「万物を斉《ひと》しく」する、つまり千差万別の万物をひとしなみに同一視するというのは、『荘子』に斉物《せいぶつ》論《ろん》の一篇があるように『荘子』の哲学であって、かくして超然として「自得し」、今ある自分の立場に満足し、わが生命を安らかになりゆきのままにまかせる、と結ぶのである。

「琴の賦」は、「永く服御《ふくぎょ》して厭《あ》かず、信《まこと》に古今の貴ぶ所なり」、琴という楽器はいつまで用いてもあきることがなく、まことに昔も今も貴ばれるものだ、このようにうたいおさめられ、そのうえであらためて「乱《らん》に曰わく」としていう。「乱」とは反訓の「理」、すなわち「おさめる」の意であって、全体の要旨をかいつまんであらためて述べるのである。「乱に曰わく、やわらぎたる琴の徳は、はかり知ることができぬ。形は清らかで心は高遠、その奥深さは極めつくすのがむずかしい。琴の美質と琴の名手とがこの世で出会うならば、ぶるるんぶるるんと響きはこもり、諸芸に冠絶する。音楽のわかるものはめったになく、愛《め》ずることができるのはだれ。風雅の琴をつかいこなせるのはただ至人《しじん》のみ」。『荘子』天下篇によれば、真なるあり方を離れざる存在が至人なのであって、郭象《かくしょう》の『荘子』の注釈、すなわち向秀《しょうしゅう》の注釈の剽窃《ひょうせつ》といわれもするそれでは、天人といい、神人といい、至人といい、聖人というのはすべて同一の存在の異名にほかならない、とされている。

琴の音楽を愛してやまなかった嵆康。琴を演奏する嵆康は顧愷之《こがいし》の画材となり、西善橋墓磚画の嵆康も、やはり琴を横たえて爪弾く姿に描かれている。「（心を）綏《やす》んずるに五絃《ごげん》（の琴）を以てす」と「養生論《ようせいろん》」に述べているように、嵆康にとって、琴の音楽は生を養うための大切な方途なのでもあった。そして嵆康は、その人生の最期の場面においても、琴を手放すことがなかった。向秀が「思旧の賦《しきゅうのふ》」の序に、「(嵆康は) 処刑されるにあたって、移ろいゆく日影を顧みつつ琴を求めて一曲を演奏した」としのんでいるのは、そのことにほかならない。

嵆康が悲劇的な最期を迎えなければならなくなった顚末《てんまつ》について語るならば、親友の呂安《りょあん》の妻と呂安の兄の呂巽《りょそん》との密通事件がそもそもの発端であった。呂安は、向秀がやはり「思旧の賦」の序に「僕は嵆康、呂安と住まいが近かった」と語っている人物であり、嵆康と呂安の二人は、ふっと相手が恋しくなると、千里の遠くでも車を用意させて会いに出かけるほどの仲であったという。密通事件の醜聞が世間にひろまることをおそれた呂巽は、あべこべに弟の呂安を誣告《ぶこく》するとともに、司馬昭《しばしょう》のほか、警視総監とでもいうべき司隷校尉《しれいこうい》の鍾会《しょうかい》にも手をまわしたため、呂安は逮捕された。嵆康は事件を座視するに忍びず、呂安の弁護に立った。嵆康は義の人であり、志の人であった。かれが「家誡《かかい》」のなかで諄々《じゅんじゅん》とさとしているのは、志の人となれということである。「人にして志なきは人に非《あら》ざるなり」、このように書きはじめられるその文章には、なんとしばしば「志」の文字があらわれることか。しかしながら、弁護に立った嵆康もあえなく逮捕され、下獄する。

呂巽が手をまわした司馬昭は、当時最高の権力者であった。そして鍾会はもとより司馬氏の爪牙《そうが》であり、かねてから嵆康をライバルとしておおいに意識しながら、軽くあしらわれたことを深く根にもっていたのであった。『世説新語』の簡傲《かんごう》（傲慢）篇につぎの一話がある。

鍾士季《しょうしき》（鍾会）はきれ者で理論家肌。それまで嵆康と面識がなかったが、当時の俊秀たちをさそいあわせ、連れだって嵆康を訪れた。嵆康はおりしも大樹の下で鍛冶《かじ》を打ち、向子期《しょうしき》（向秀）が助手となってふいごをおしている。嵆康はハンマーをふるいつづけ、そばに人がいるのには目もくれず、一時《いっとき》がたったのに一言もかわさない。鍾会がたちあがってひきあげようとすると、嵆康「何を聞いてやってきたのだ、何を見て帰るのだ」。鍾会「聞いたことを聞いてやってきたのだ。見たことを見て帰るのだ」。

『世説新語』のなかではかたなしの鍾会。その鍾会によって逮捕され下獄した嵆康が獄中でうたった「幽憤詩《ゆうふんし》」、とりわけその最後にうたうところは痛々しい。

煌煌霊芝
一年三秀
予独何為
有志不就
懲難思復
心焉内疚
庶勗将来
無馨無臭
采薇山阿
散髪巌岫
永嘯長吟
頤性養寿

煌煌《こうこう》とかがやく霊芝《れいし》は
一年に三たび秀《はなさ》くも
予《われ》は独《ひと》り何為《なんす》るものぞ
志有れども就《な》らず
難《わざわい》に懲《こ》りて復《やりな》おさんと思えども
心は焉《ここ》に内《ひそ》かに疚《や》む
庶《こいねが》わくは将来を勗《つと》め
馨《かおり》も無く臭《におい》も無からんことを
薇《わらび》を山の阿《くま》に采《と》り
髪《かみ》を巌《いわお》の岫《みね》に散《あら》げ
永く嘯《うそぶ》き長く吟《ぎん》じつつ
性を頤《やしな》い寿を養わん

これらの詩句からありありと読みとれるのは、もはや人生をやりなおすことができぬとの諦観《ていかん》である。「性を頤い寿を養う」こと、すなわち養生も、死後にしか存在することのない将来に託すほかはなかったのである。

はたせるかな、鍾会は司馬昭にこう進言した。「嵆康は臥龍《がりゅう》です。眠りからさまさせてはなりませぬ。殿は天下のことを心配なさる必要はありませぬが、ただ嵆康に警戒されますように」。「龍の章《あや》に鳳《おおとり》の姿」と評された嵆康。かれはライバルの鍾会からすら「臥龍」と評されるほどの人物なのであった。

鍾会はさらに法廷において、嵆康を死刑に処すべきことを陳述した。「昔、斉《せい》の国では華士《かし》を殺し、魯《ろ》の国では少正卯《しょうせいぼう》を誅《ちゅう》したのは、世の中を害《そこな》い教化を乱したため、聖賢たちはかれらを除いたのである。嵆康と呂安の言論は放埒《ほうらつ》にして正統を誹謗《ひぼう》し、帝王たるものの容認すべからざるところである。よろしくその罪によって二人を除き、風俗を淳《あつ》くすべきである」。斉の太公望呂尚《たいこうぼうりょしょう》が隠逸の自由人である華士を殺害し、魯の国の司寇《しこう》、すなわち司法長官の職に就任した孔子がとかく悪逆のふるまいの目だつ大夫の少正卯を誅殺した故智にならえ、というのである。嵆康と呂安の言論が放埒で正統を誹謗するものであるというのは、呂安はともかくとして、嵆康の場合には「絶交書」にみられるように、日頃から儒教の聖人たちを非り薄《そしうと》んじているなどとみずから語っていたからであろう。そのうえ、嵆康の妻が魏の武帝曹操《そうそう》の孫にあたる、沛穆王曹林《はいぼくおうそうりん》の娘であったことも、司馬氏一党にとっては嵆康を除くための好材料となったのかもしれぬ。嵆康には、かれが毌丘倹《かんきゅうけん》と通謀していたとの嫌疑までかけられた。寿春《じゅしゅん》（安徽《あんき》省寿県）に駐屯《ちんとう》する鎮東将軍の毌丘倹がおなじく寿春を治所とする揚州刺史《ようしゅうしし》の文欽《ぶんきん》と共同して反司馬氏の兵を挙げたのは正元二年（二五五）のこと、しかしその年のうちにあえなく粉砕されていたのであった。

このようにして、嵆康の処刑は決定した。景元三年（二六二）、嵆康四十歳のときのことである。国立中央大学の学生三千人は助命の嘆願書を提出したが、その甲斐《かい》もなかった。公開処刑の場である洛陽の東の市場に臨んだ嵆康は、琴をかきならしつつ「広陵散《こうりょうさん》」の曲を演奏した。そして演奏が終わると、こう嘆息した。「袁孝尼《えんこうじ》はかつてこの曲を習いたいと所望したことがあったが、わしはしぶって教えなかった。広陵散はいまここで絶えるのだ」。袁孝尼とは袁準《えんじゅん》なる人物であり、孝尼はその字《あざな》。「広陵散」はつぎのようないわれをもつ琴曲である。嵆康が洛西の華陽亭《かようてい》に一宿したときのこと、夜分に琴を爪弾いているところに、ふと一人の客があらわれ、自分は古《いにしえ》のものであると名のったうえ、ともに音楽について語りあった。そして、みずからみごとな一曲を演奏して嵆康に伝授したが、他人には伝えぬよう誓わせたというのである。

その死に先だち、もはやすでに死を覚悟した嵆康は、息子の嵆紹《けいしょう》に、「巨源《きょげん》どのがおられるかぎり、おまえは孤独ではない」と語ったという。「娘は十三歳、息子は八歳になります」と山濤《さんとう》への「絶交書」に述べているその息子であり、巨源とは山濤の字《あざな》である。はたして山濤は、嵆康が処刑されてから数年後のこと、嵆紹を秘書省の次官の職の秘書丞《ひしょじょう》に推薦した。「嵆紹は公平にして簡素、温雅にして聡明、文学的素質に恵まれているうえ、音楽をも理解し、大成するにちがいありません」。だが、父親を毒牙にかけた司馬氏の政権に仕えてよいものかどうか、おおいに悩まざるを得ぬ嵆紹に、山濤はやさしく言葉をかけた。「君のためにずっとそのことを考えつづけてきたのだ。天地や四季にだって消長がある。人間ならばなおさらのことだ」。『易経《えききょう》』の豊《ほう》の卦《か》、「日中《ちゅう》すれば則ち昃《かたむ》き、月盈《み》つれば則ち食《か》く。天地の盈虚《みちかけ》は時と与《とも》に消息す。而《しか》るに況《いわ》んや人に於《お》いてをや、況んや鬼神に於いてをや」にもとづく言葉である。

『世説新語』政事篇が伝える心あたたまる話であるが、しかしその言語篇が伝える向《しょう》秀《しゅう》の話はどうであろうか。やはり嵆康刑死後の話である。河内《かだい》郡の上計掾《じょうけいえん》として都にやってきた向秀を司馬昭が引見のうえ、「君は箕山《きざん》に隠れる志をいだいていると聞いておったのに、またどうしてこんなところをうろうろしているのだ」とたずねた。

上計掾とは郡の会計報告のために都に出張する主計官。箕山は堯《ぎょう》帝の時代の隠者の巣父《そうほ》と許由《きょゆう》が隠れ住んだところである。このようにたずねられた向秀は答えた。「巣父や許由は狷介《けんかい》なおとこ、敬《うやま》い慕《した》うほどのねうちはありません」。この答えを得た司馬昭はすこぶる上機嫌であったという。向秀が「思旧の賦」にしのんでいる嵆康と呂安、もしその二人が巣父と許由になぞらえられているのだとしたならば、まことに残念な話としなければならない。

# 第七章　阮籍の「詠懐詩」

阮籍《げんせき》が五十四歳の生涯を閉じたのは、嵇康《けいこう》の死におくれること一年、景元四年（二六三）の冬のことであった。阮籍が「詠懐詩《えいかいし》」の其の七十二に、「親《した》しく昵《ちか》きものすら反側《はんそく》を懐《いだ》き、骨肉《こつにく》も還《ま》た相《あ》い讎《あだ》となる」とうたっているのは、あるいは嵇康の不幸な死のそもそもの発端となった呂巽《りょそん》と呂安《りょあん》の兄弟の事件に触発されてのことであったろうか。「反側」とはたくらみの心、「骨肉」とは血を分けあった肉親のことである。

阮籍の死は、嵇康の死のように、他者の圧力による不条理なものではなかった。道士の孫登《そんとう》から、その将来を見すかすように、保身に気をつけるがよいとたしなめられた嵇康とは異なって、阮籍は「至慎」とさえ評されるほどの人物であった。司馬昭《しばしょう》が阮籍を評した言葉である。「阮嗣宗《げんしそう》は至慎――このうえもなく慎重なおとこ――。かれとの話といえば、いつも深遠な哲学談義ばかりで、人物をとやかく批評したことは一度たりとてない」。そして、嵇康の「絶交書」にもつぎの言葉がある。「阮嗣宗は他人のあやまちをあげつらったことがなく、僕はいつも手本としていますものの、及びもつきません。すぐれた性格は人びとに抜きんでて、他人とあらがうことはなく、ただ酒の度が過ぎるだけです。それなのに、礼法の士たちから糾弾され、仇敵のように憎まれていますが、幸いなことに大将軍がかれをかばっているのです」。過剰な酒に象徴される豪胆、それとはまったく対照的な至慎。このように、阮籍一箇のなかには、矛盾とも評すべきあい反するものが共存していたのである。

ところで、たえず阮籍をかばっているという大将軍とは司馬昭のこと。厳粛な司馬昭の宴席でも、阮籍だけはあぐらをかき、放歌高吟し、酒を痛飲していたという話はすでに紹介した。『晋書《しんじょ》』の阮籍伝は、「阮籍はがんらい経世《けいせい》の志をいだいていたものの、魏晋交替期の天下多事の際にあたり、名士のなかには生命をまっとうするものが少なかったため、それで世事にかかわろうとはせず、いつもあびるほど酒を飲んだのである」、このように述べている。司馬昭は息子の司馬炎《しばえん》の嫁の候補として阮籍の娘に白羽の矢を立てたものの、阮籍が六十日間もぶっ通しで酔いつぶれているため、ついに話をきりだす機会を見つけられずに終わったという。また鍾会《しょうかい》は阮籍を相手にしつこく時事問題を話題にとりあげ、返答しだいで罪におとしいれようとたくらんだが、いつも酔いつぶれているため、つけいる隙がまったくなかったという。このように至慎の人であり、酒は韜晦《とうかい》の手段であったとさえいわれる阮籍ではあるが、しかしかれが世事に一切かかわらなかったわけではない。それどころか、人生の最後の年、すなわち景元四年（二六三）、かれはおおいに世事にかかわらざるを得ぬ場面にひきずり出されることとなった。

　魏王朝は晋の文王（司馬昭）に公爵の爵位をあたえ、九錫《きゅうしゃく》の栄典をととのえたが、文王は固辞して受けようとしない。公卿《こうけい》や将校たちが幕府を訪れて勧奨することとなった。司《し》空《くう》の鄭沖《ていちゅう》は急ぎ使者をつかわし、阮籍に勧進文《かんじんぶん》の制作を依頼させた。阮籍はそのとき袁孝尼《えんこうじ》の家にいたが、二日酔いのからだを脇からかかえおこされ、木の札に文章を書きつけた。一字一句も書きなおさず、書きあげると使者にわたした。当時の人びとは神筆——神わざの文章——とよんだ。（『世説新語』文学篇）

「九錫」とは、天子から元勲《げんくん》に賜る九種の栄典。すなわち、車馬、衣服、楽器、朱戸《しゅこ》

（朱塗りの扉）、納陛《のうへい》（御殿の昇り口を室内に設けて外部にむきだしにしない造り）、虎賁《こほん》（儀仗兵《ぎじょうへい》）、斧鉞《ふえつ》（おのとまさかり）、弓矢、秬鬯《きょちょう》（鬱金《うこん》の香りをつけた黒黍《くろきび》のリキュール）の九種である。前漢王朝を奪った王莽《おうもう》以来、九錫の授与は王朝革命の先ぶれとなるものであったが、授かる側は何度かにわたって辞退し、ジェスチャーとして謙譲の美徳を示すのがしきたりであった。それまでにも、魏の天子から司馬昭にたいして、九錫の授与とともに、官位を相国《しょうこく》、爵位を晋公に進める旨の詔が何度となく下っていたのである。阮籍が袁孝尼、すなわち嵇康に「広陵散《こうりょうさん》」の琴曲の伝授を乞いながらゆるされなかった袁準《えんじゅん》のところで書きあげた「勧進文」、正式の名称は「鄭沖の為《ため》に晋王に勧《すす》むるの牋《せん》」（『文選《もんぜん》』巻四〇）には、百官の筆頭の司空鄭沖にかわって、司馬昭の功業がつぎのような荘重な文辞をもってたたえられている。

先相国《せんしょうこく》（司馬懿《しばい》）自《よ》り以来、世々《よよ》明徳あり。魏室を翼《たす》け輔《たす》けて以て天下を綏《やす》んじ、朝《みかど》には闕《か》けたる政《まつりごと》なく、民には謗《そし》りの言《ことば》なし。前者《さきごろ》、明公（司馬昭）は西は霊州《れいしゅう》を征《せい》し、北は沙漠に臨《のぞ》み、楡中《ゆちゅう》より以西、風を望んで震服《ちぢみあが》り、羌戎《きょうじゅう》のえびすは東に馳《は》せ、首《こうべ》を迴《めぐ》らせて内に向かう。東のかた叛逆を誅《こら》しめ、軍を全うして独《ひと》り剋《か》ち、闔閭《こうりょ》の将を禽《とりこ》にし、軽鋭《けいえい》の卒《そつ》を斬ること万万を以て計《はか》る。威は南海《なんかい》に加わり、名は三越《さんえつ》を慴《おそ》れしむ。宇内《あめのした》は康《やす》らぎ寧《やす》んじ、苛慝《まがごと》は作《おこ》らず……。

「西は霊州を征し」以下は、嘉平《かへい》六年（二五四）の秋、進攻してきた蜀の将軍姜維《きょうい》の軍勢を司馬昭が征西《せいせい》将軍として撃破したことをいう。霊州は今日の寧夏《ねいか》回族自治区霊《れい》武《ぶ》市、楡中は甘粛《かんしゅく》省楡中県。「東のかた叛逆を誅《こら》しめ」以下は、甘露《かんろ》二年（二五七）、淮南《わいなん》地方において司馬氏にたいする反逆の兵を挙げた征東大将軍諸葛誕《しょかつたん》を制圧したことをいう。闔閭は春秋時代の呉の王であるが、ここでは三国時代の呉王孫亮《そんりょう》をそれになぞらえ、諸葛誕が救援をもとめたのに応じて呉が派遣した将軍の唐咨《とうし》や王祚《おうそ》を捕虜とし、その兵卒を斬り殺したことをいうのである。南海といい三越というのは、いずれも呉の領域。かくしてその「勧進文」は、かくも赫々《かくかく》たる功業にかがやく司馬昭に魏の天子が天下を譲ろうとするのであるから、「勤勤《きんきん》として小譲する」、こせこせとつまらぬ遠慮をするのはよろしくない、と結ばれている。このような文章を書かされる羽目にたち至った阮籍は、またしても苦い酒を痛飲しなければならなかったのではないか。酒でもって胸中の「塁塊《るいかい》（しこり）」を洗いながさなければならなかったのではないか。

阮籍の「詠懐詩」八十二首は、全篇が沈鬱な気分に満ちている。その第一首からしてすでにそうである。

夜中不能寐　夜中寐《い》ぬる能《あた》わず
起坐弾鳴琴　起き坐《ざ》して鳴琴《めいきん》を弾ず
薄帷鑒明月　薄き帷《とばり》に明月は鑒《て》り
清風吹我襟　清き風は我《わ》が襟《えり》を吹く
孤鴻号外野　孤《はぐ》れし鴻《おおとり》は外の野に号《さけ》び
朔鳥鳴北林　朔《よあけ》の鳥は北の林に鳴く
徘徊将何見　徘徊《はいかい》して将《は》た何をか見る
憂思独傷心　憂思して独《ひと》り心を傷《やぶ》る

夜中にも寝つかれぬわれ。起き出して琴を爪弾くわれ。郊外の原野に叫び、北の林に鳴きさわぐ鳥の声はいかにも不気味である。それは阮籍の心の底に深く沈んだ孤独と不安の象徴なのであろうか。阮籍の孤独と不安は、其の三十七にも「涕《なみだ》を揮《はら》いて哀《あい》傷《しょう》を懐《いだ》く、辛酸《しんさん》をば誰《たれ》に語《つ》げん哉《や》」とうたわれている。あるいはそれとも、権謀と術策のうずまく暗澹《あんたん》たる世の中の象徴なのであろうか。其の七十二に「親《した》しく昵《ちか》きものすら反側《はんそく》を懐《いだ》き、骨肉《こつにく》も還《ま》た相《あ》い讎《あだ》となる」の句があることは先述した通りだが、「讎」や「怨」、要するに人間の心中に巣くう魔性を意味する言葉もしばしばあらわれる。「感慨《かんがい》して辛酸《しんさん》を懐《いだ》き、怨毒《えんどく》の常に多きに苦しむ」（其の十三）、「損益《そんえき》　怨毒を生《し》ず、咄咄《とつとつ》　復《ま》た何をか言わん」（其の六十九）。「損益」とは友人関係。『論語』季《き》氏《し》篇に、「益者《えきしゃ》三友、損者《そんしゃ》三友——自分にとってプラスとなる三種類の友、反対に自分にとってマイナスとなる三種類の友——」とあるのをふまえる。「咄咄」とは「くそっくそっ」というほどの意味。「百年何ぞ言うに足《た》らんや、但《た》だ怨《うらみ》と讎《あだ》とに苦しむ」（其の七十七）。「百年」とは人間の一生。かくも「讎」と「怨」のうずまく世の中。しかも、そのなかに身を置く人間の生命はもろくもはかない。「哀《かな》しき哉《かな》　人の命の微《かす》かなることよ」（其の四十）と阮籍は嘆かざるを得ない。ではしからば、かれはいずこをめざそうとするのであろうか。「征《たび》ち行きて安所《いずこ》に如《ゆ》かん」（其の三十）とするのであろうか。

阮籍のめざすところは、ひとまずは嵆康とおなじく神仙の世界であったようである。「焉《いずく》んぞ見ん王子喬《おうしきょう》の、雲に乗りて鄧林《とうりん》に翔《あまが》けるを。独《ひと》り延年の術有り、以て我《わ》が心を慰む可《べ》し」（其の十）。太陽とかけっこをした夸父《こほ》は喉《のど》をからからにかわかせて死んでしまったが、あとにのこした杖が鄧林に変化したという話が『山海経《せんがいきょう》』なる書物にみえる。その鄧林の上を飛翔する神仙の王子喬。「延年の術」は延年長生をとげるための神仙術。ただそれだけが阮籍の心を慰めることができるというのだ。また其の八十一にはつぎのようにうたわれている。

昔有神僊者　　昔　神僊《しんせん》（神仙）の者有り
羨門及松喬　　羨門《せんもん》及び松《しょう》と喬《きょう》と
噏息九陽間　　九陽《きゅうよう》の間《かん》に噏息《きゅうそく》し
升遐嘰雲霄　　遐《とお》きに升《のぼ》りて雲と霄《かすみ》を嘰《く》らう
人生楽長久　　人生は長久なるを楽しみとし
百年自言遼　　百年とて自《みずか》ら遼《はる》かなりと言う
白日隕隅谷　　白日《はくじつ》　隅谷《ぐうこく》に隕《お》つれば

一夕不再朝　一夕《いっせき》　再び朝《あした》ならず
豈若遺世物　豈《あ》に若《し》かんや　世物《せいぶつ》を遺《す》て
登時遂飄颻　登時《ただち》に飄颻《ひょうよう》を遂《と》げんには

羨門すなわち羨門子《せんもんし》高《こう》、それに松と喬すなわち赤松子《せきしょうし》と王子喬。いずれも有名な神仙である。「九陽」は九重《きゅうちょう》の天。「噏息」は呼吸。人間の一生はせいぜいのところ百年にしか過ぎないのに、それを長久で遼遠なことだと考えているけれども、「白日」すなわち太陽が地のはての「隅谷」に沈むと、というのはもとより死の訪れの比喩にほかならないが、もはや二度と朝はめぐってはこぬ。そうであれば、一切の世事を忘却し、ただちに飄颻と天空にひるがえる神仙となるのにこしたことはない。

だがしかし、注目しなければならぬのは、神仙にたいするあくがれと同時に、神仙にたいする懐疑もまた「詠懐詩」にはうたわれていることだ。この点において、阮籍は嵆康と立場を異にする。たとえば其の四十一。

天網弥四野　天の網は四野を弥《おお》い

六翮掩不舒　六つの翮《つばさ》は掩《と》ざされて舒《の》びず
随波紛綸客　波に随《したが》う紛綸《ふんりん》たる客は
汎汎若鳧鷖　汎汎《はんはん》として鳧鷖《ふえい》の若《ごと》し
生命無期度　生命は期度《きど》無く
朝夕有不虞　朝夕《ちょうせき》に不虞《ふぐ》有り

天にかぶせられた大網は四方の原野にひろがり、六つの翼を羽ばたかせて飛びたつことはできぬ。世俗の大波に身をまかせる多くのものたち、かれらはぷかぷかと波間に浮かぶかもやかもめのようだ。人間の生命はあてどもなく、朝となく夕となく思いがけぬできごとが出来《しゅったい》する。それにひきかえ、

列僊停修齢　列僊《れっせん》（列仙）は修《なが》き齢《よわい》を停《とど》め
養志在沖虚　志を養いて沖虚《ちゅうきょ》に在り
飄颻雲日間　雲日《うんじつ》の間《かん》に飄颻《ひょうよう》たりて
邈与世路殊　邈《はる》かに世路《せいろ》と殊《こと》なる

栄名非己宝　　栄名《えいめい》は己《おの》が宝に非《あら》ず
声色焉足娯　　声色《せいしょく》は焉《いず》くんぞ娯《たの》しみとするに足らんや

神仙たちは長生を保ち、空漠《くうばく》たる世界で志を養い、雲と太陽の間でひらひらとひるがえり、世俗はるかに超絶している。栄華や名声は宝とするところではなく、音楽や女色は楽しみとするにあたいせぬ。

ここまでの詩句には、神仙世界への志向が一途にうたいあげられているのだが、結びの四句に至ってにわかにトーンは反転する。されど、

採薬無旋返　　薬を採るものは旋《めぐ》り返《かえ》ること無く
神僊志不符　　神僊（神仙）は志《ふみ》と符せず
逼此良可惑　　此れに逼《せま》られて良《まこと》に惑《まど》う可《べ》し
令我久躊躇　　我《われ》をして久しく躊躇《ちゅうちょ》せしむ

仙薬を摘《つ》みに山に入ったものはもどってくることはなく、書物には神仙のことがま

ことしやかに語られてはいても、その証拠は得られない。後漢時代の作品とされる「古詩《こし》」十九首の其の十三が「服食して神仙を求むるも、多く薬の誤《あやま》る所と為《な》る」とうたい、魏の文帝曹丕《そうひ》の「折楊柳行《せつようりゅうこう》」が「王喬《おうきょう》（王子喬）は虚辞を仮《か》り、赤松《せきしょう》（赤松子）は空言を垂《た》る」とうたっているように、神仙は実在するのか、それとも虚妄にしか過ぎないのか。その両様の思いが胸中にせめぎあってまどわざるを得ず、神仙の世界へと踏み出すことを躊躇させるのだ。

神仙にたいする志向と懐疑、ここにもまた、阮籍一箇の人間に内在する矛盾が露呈している。かれの胸中には、どうにも解決のつけようのない矛盾があれこれとうずまいていたごとくであり、酒で洗いながすほかはなかったという「塁塊《るいかい》」とは、まさしくそのようなものをさしているのであろう。

阮籍に関して、一つのきわめて象徴的な話が伝えられている。阮籍はときおり、気のおもむくままに一人で馬車を駆ってドライブに出かけた。近道はつかわず、道が行きどまりになると、そのたびに慟哭《どうこく》してひき返した。そのような話である。道は閉ざされ、どこへ向かおうにも、どこもここも行きどまりなのだ。阮籍の慟哭は、「わが道は窮《きわ》まれり」との深い嘆きであったろう。めでたい祥瑞《しょうずい》の獣とされる麒麟《きりん》がこの世に出現しながら、すでに屍《しかばね》と化してしまっていることを知った孔子は、「おまえはだれのために現われたのか」、そのように何度も繰り返していい、いい終わるや袂《たもと》をひるがえして顔をおおい、着物の襟を涙でぐしょぐしょにぬらしながら、「わが道は窮まれり」と叫んだという。

阮籍の息子の阮渾《げんこん》は、風格も雰囲気も父親にそっくりであった。その阮渾が父親の放達《ほうたつ》の生活にならいたいといい出したとき、阮籍はこうたしなめた。「仲容《ちゅうよう》がすでにグループに加わっている。おまえまでがそんなことをしてはならん」。仲容とは阮《げん》咸《かん》。戴逵《たいき》の「竹林七賢論」は、この話について、「阮籍が阮渾をたしなめたのは、阮渾には己《おのれ》の達を為《な》す所以《ゆえん》、すなわち自分がなぜ放達の行為をやらなければならぬのか、その真意がわかっていなかったからである」、とコメントしている。ところが阮籍の死後、貴族子弟の阮瞻《げんせん》や王澄《おうちょう》や謝鯤《しゃこん》や胡毋輔之《こむほし》といった連中は、ことさらにすっ裸になり、禽獣《きんじゅう》同然に醜悪《エトワス》をあらわにして、われわれこそ阮籍の放達の精神の継承者であるとうそぶくに至った。阮瞻は阮咸の息子である。楽広《がくこう》なる人物は、そのような連中をあざ笑って、「名教（礼教）のなかにもそれなりに楽しい境地があるものなのに、どうしてあんなにまでするのだろう」、そう語ったという。東晋の葛洪《かっこう》も、かれらのことを、「阮籍の自然なくしてその倨慢《きょまん》に効《なら》う」もの、阮籍のように自然な感情にもとづく純粋な行為ではなく、いたずらに傲慢な外形を模倣しただけのエピゴーネンにしか過ぎないと批判している（『抱朴子《ほうぼくし》』刺驕《しきょう》篇）。われわれもまた、阮籍の「達を為せし所以《ゆえん》」に思いをいたさなければならない。かれの心に沈殿していた「塁塊」について理解しなければならない。

「勧進文」を執筆したあたかもその年に阮籍が生涯を閉じたのは、まことに象徴的である。司馬昭は「勧進文」のすすめに従い、ついに位を相国、晋公に進め、九錫を受けた。そしてその年、すなわち景元四年（二六三）には、強大な軍事力を投入して蜀を屈服させ、併合することに成功した。本来ならば、司馬昭があらたな王朝の初代皇帝となるべきところであった。しかるに司馬昭は、それから二年後の咸熙《かんき》二年（二六五）の八月、五十五歳をもって世を去る。かくしてその年の十二月、魏王朝にかわる晋王朝の初代皇帝の位に即《つ》いたのは、司馬昭の息子の司馬炎《しばえん》であった。酔いつぶれることがなかったならば、ひょっとして阮籍がその岳父《がくふ》となっていたやもしれぬ司馬炎であった。すなわち晋の武帝である。年号も、魏の咸熙から晋の泰始《たいし》と改まった。それからさらに十五年が経過した太康《たいこう》元年（二八〇）には、晋の武帝のもとに呉も降《くだ》り、後漢王朝の崩壊以後、天下はふたたび統一されて三国時代は幕を閉じるのである。

# 第八章　愛すべき俗物――王戎

これまで、「竹林の七賢」の一人である王戎《おうじゅう》についてはほとんど言及することがなかったが、いよいよこのあたりでご登場ねがおう。「竹林の七賢」のなかの最年少者であり、最もおそくまで生きたかれは、魏晋王朝革命のただなかに生き、嵇康《けいこう》と阮籍《げんせき》の死にも立ちあったはずである。

王戎、字《あざな》は濬沖《しゅんちゅう》は、おしもおされもせぬ名門貴族の琅邪《ろうや》郡の王氏の出身である。そして最後には、宰相格の尚書令《しょうしょれい》、司徒《しと》の位にまでのぼった。その点で、王戎の経歴は「竹林の七賢」のなかの最年長者である山濤《さんとう》のそれに似る。王戎は、山濤と同様に、人事の最高責任者の吏部尚書《りぶしょうしょ》をつとめたこともあった。『晋書《しんじょ》』が山濤と王戎の二人の伝記を巻四三にあつめ、「竹林の七賢」のほかの五人の伝記を巻四九にあつめているのは、わけがあってのことであろう。五世紀劉宋《りゅうそう》の顔延之《がんえんし》も、七賢のなかの山濤と王戎の二人は「貴顕」であることを理由に除外したうえ、「五君詠《ごくんえい》」の詩題のもとに、のこりの五人についてそれぞれ五言詩一首を賦している。「竹林の七賢」グループは、いわば二人の大官の山濤を首、王戎を尾として、そのあいだに五人の人物がつつみこまれた構造になっているのだ。

山濤、阮籍、嵆康それら三人と王戎とのあいだには、十歳以上の年齢のちがいがあった。事実、阮籍は王戎の父の王渾《おうこん》とともに尚書郎である時代をもったことがある。だが王渾のもとを訪れた阮籍は、まだ席もあたたまらぬうちに、いつも「君と話すよりも戎くんと話したい」といい、日が暮れるまで王戎を相手に話しこむのであった。「籍は戎より長《としうえ》なること二十歳なるも、相《あ》い得ること時輩《じはい》の如《ごと》し」、二人のつきあいはまるで同輩のようであった、このように戴逵《たいき》の「竹林七賢論」は述べている。また『世説新語《せせつしんご》』の簡傲《かんごう》篇につぎの話がある。

王戎の二十《はたち》歳前後の頃のこと、阮籍のところを訪問すると、たまたま劉公栄《りゅうこうえい》（劉昶《りゅうちょう》）が居あわせた。阮籍は王戎にいった。「うまい具合《ぐあい》に二斗の美酒がある。君といっしょに一杯やろうじゃないか。あの公栄なんかはほっておけばよい」。二人はさしつさされつ盃をかわし、公栄はちょこ一杯にすらありつけなかったが、語りあって話に興ずること、三人いずれとも変わりがなかった。あるものがそのわけをたずねると、阮籍は答えた。「公栄よりえらいやつとはいっしょに飲まんわけにはいかん。公栄に及ばないやつともいっしょに飲まんわけにはいかん。ただ公栄とだけはいっしょに飲まんでもよろしい」。

哀れをとどめるのは劉公栄だが、ちなみに『世説新語』の任誕《にんたん》篇は、みんなでわいわい騒ぎながら飲むのが大好きだった劉公栄が、「わしよりえらいやつとはいっしょに飲まんわけにはいかん。わしに及ばんやつともいっしょに飲まんわけにはいかん。この俺《おれ》さまの同類の連中とはいっそうのこといっしょに飲まんわけにはいかん」、そういって終日酔っぱらっていたという話をのせている。

さてところで、『世説新語』の排調《はいちょう》(からかい)篇には、阮籍と王戎とのあいだのつぎのようなやりとりを伝える一話がある。

嵇康、阮籍、山濤、劉伶《りゅうれい》が竹林で痛飲しているところへ、王戎がおくれてかけつけてきた。歩兵《ほへい》(阮籍)がいった。「俗物がもうやってきおって、気分がぶちこわしだ」。王戎は笑いながらいった。「みなさんがたのご気分だって、やっぱりぶちこわせるのですかね」。

王戎が俗物とからかわれているのは、何よりもかれが有名なけちんぼであり、なかなかの理財家であったからにちがいない。『世説新語』は王戎の話を多く倹嗇《けんしょく》篇にあつめている。倹嗇とは要するにけちんぼのこと。そのいくつかを紹介しよう。

王戎はけちんぼだった。甥《おい》の結婚にあたって一枚の単衣《ひとえ》をプレゼントしたが、後からあらためて代金を請求した。

王戎のところではみごとな李《すもも》がとれた。いつも売りに出したのだが、その種子を手にいれられては大変だと、しじゅう錐《きり》で核《さね》をほじっていた。

王戎の娘は裴頠《はいき》のもとに嫁《とつ》ぎ、数万銭を融通してやった。娘が里帰りをしたが、王戎はブスッとしている。娘があわてて借金をかえしたところ、やっと晴れやかな表情になった。

司徒の王戎は身分もたかいうえに資産家であり、家屋敷、下僕、美田、水車などのたぐいは都の洛陽で肩をならべられるものはなく、証文を前にして大忙《おおいそが》し。いつも夫人と二人して灯火のもとで算木をならべて勘定《かんじょう》しているのだった。

王戎のけちんぼぶりはこの通りだったのだが、しかしながら、どことなく稚気《ちき》愛すべく、憎めぬところがあるのは、けっして反道徳的ではなく、みごとな合理主義によってつらぬかれているからであろうか。合理主義の精神、それは王戎がもって生まれたものであった。しかも、かれはただそれだけの人間ではなかった。王戎がすでにして子供の頃から、なみの人間ではなかったことを伝える『世説新語』雅量《がりょう》篇の二話を示そう。

王戎が七歳、ほかの子供たちといっしょに遊んでいた時のことだ。道ばたの李《すもも》の木に枝も折れんばかりにたわわに実がなっているのを見つけると、子供たちはわっとかけ出してもぎ取った。ひとり王戎だけはじっとしている。ある人がたずねると、答えていうのには、「木は道ばたに生えているのに実がたくさんなっている。あれはきっと苦李《にがもも》だよ」。もぎ取ってみると、なるほどその通りだった。

魏の明帝は練兵場の宣武場《せんぶじょう》で虎の爪と牙を切るのを民衆に自由に見物させた。七歳の王戎も見物に出かけた。虎はすきをみて、檻《おり》に足をかけてウォーと吼《ほ》えた。地響きをたてるその声に、見物人はいっせいに後ずさりして将棋だおしになった。王戎は落ち着きはらって身動きひとつせず、こわがる様子はまるでなかった。

「恐るべき子供《アンファン・テリーブル》」であった王戎。かれは成人後に、その人となりを「簡要《かんよう》」と評されている。的確にものごとの要点をつかむ、というほどの意味であろう。あるいはまた、短軀《たんく》であったにもかかわらず、「眼光は爛々《らんらん》とかがやき、巌《いわお》の下を走る稲妻《いなずま》のようだ」と評されている。おそらく、自分でもこわいほどに、ものごとのすべてが見通せてしまうような人間であったのであろう。「了了《りょうりょう》として人の意を解す」というのが、嵆康を死においやった鍾会《しょうかい》の王戎評である。

王戎の行為には、どこか突き抜けたようなところがある。かれはやはり「竹林の七賢」中の人物なのだ。阮籍から俗物とよばれはしたが、白眼をもってむかえられる俗物ではなかった。王戎が蓄財に熱心であったことに関しても、実はわざとマイナス点を背負いこむための韜晦《とうかい》の術であったという、うがった見方さえある。「王戎は険《けわ》しい時代にあたって（蓄財に）韜晦し、そのおかげで憂禍《ゆうか》から免れることができた。明哲保身《てつほしん》のよい見本である」（戴逵「竹林七賢論」）。王戎に関しては、かれがけちんぼで理財の才にたけていたことを伝える話とともに、それとはまったくあべこべに、実は山濤と同様、すこぶる寡欲な人物であったことを伝える話さえ存在するのだ。

王戎の父親の渾《こん》は評判がたかく、最後には涼州《りょうしゅう》の長官の刺史《しし》にまで昇りつめた。王渾がなくなると、かれが歴任した九つの郡の部下たちは、目をかけてもらったことをしみじみと心にかみしめ、みんなして数百万銭にのぼる香奠《こうでん》をとどけてきたが、王戎はいっさい受けとらなかった。（『世説新語』徳行篇《とっこう》）

王戎が侍中《じちゅう》となると、南《なん》郡太守の劉肇《りゅうちょう》は筒中箋布《とうちゅうせんぷ》五端《たん》をおくってよこした。王戎は受けとりはしなかったが、丁重《ていちょう》に礼状を書いた。（同、雅量篇）

「筒中箋布」というのは、劉肇が長官をつとめる南郡、すなわち今日の湖北《こほく》省南部地方の特産品の高級錦らしいが、詳しいことはわからない。

右の二話はしかし、それほど秀逸なものではないかもしれぬ。けちんぼと寡欲とが一人の人間のなかに同居していたことを知る点において面白いだけかもしれぬ。だが、つぎの二話はどうであろうか。親の死に際しての王戎の至情を伝える『世説新語』徳行篇の二話であり、その点において王戎は阮籍とまったく変わるところがなかった。

王戎と和嶠《わきょう》の二人はあい前後して親をなくし、どちらも孝行者との評判がたった。王戎は鶏の骨のようにやせこけてベッドにもたれかかり、和嶠は礼のきまり通りに哭泣《こくきゅう》を行なった。晋の武帝は劉仲雄《りゅうちゅうゆう》（劉毅《りゅうき》）にいった。「汝はしょっちゅう王戎と和嶠を見舞っておるか。聞くところでは、和嶠はひどい悲しみようだとか。心配なことじゃ」。劉仲雄は答えた。「和嶠は礼のきまり通りにやっておりますが、やつれてはおりません。王戎は礼のきまりには欠けるところがありますが、しかし悲しみにうちひしがれ、骨がつき出るほどでございます。それがしの考えますところ、和嶠は生孝《せいこう》、王戎は死孝《しこう》であります。陛下は和嶠のことを心配なさるよりも、むしろ王戎のことを心配なさるべきです」。

王安豊《おうあんほう》（王戎）は親の死にあたって、そのひたむきな気持ちは人なみはずれていた。裴令《はいれい》（裴楷《はいかい》）は弔問に出かけ、こういった。「もし一度の慟哭《どうこく》がはたして人間のからだを傷つけ得るものだとするならば、濬沖《しゅんちゅう》（王戎）はきっと滅性《めっせい》の譏《そし》りを免れないであろう」。

「滅性」は『孝経《こうきょう》』喪親《そうしん》章の言葉。「孝子の親を喪《うしな》うや、……三日にして食らい、民に死を以て生を傷つくることなく、毀《やつ》るるも性を滅せざることを教《おし》う。此れ聖人の政《さだめ》なり」。親の死に際会してやつれはて、もしそのために命をおとすようなことになれば、それはかえって不孝とされるのだ。しかるに、親の死に際会して示された王戎の至情は、「滅性の譏り」を受けることすらいとわぬほどのものであったというのだ。親の死の場合だけではなかった。幼い息子をなくしたときの王戎の落胆ぶりも尋常ではなかった。

王戎が息子の万子《ばんし》をなくし、山簡《さんかん》が見舞いに出かけた。王戎は悲しみをこらえきれない様子である。山簡が、「まだだっこだっこの坊やだったのに、またどうしてそんなにまで」と声をかけたところ、王戎はいった。「聖人は感情を忘却《ぼうきゃく》し、コンマ以下の人間は感情をもつには至らない。感情が集中するのは、ほかでもないこのわれわれなのだ」。山簡はその言葉にほれぼれし、あらためてかれのために慟哭した。(『世説新語』傷逝篇《しょうせいへん》)

山簡は山濤の末子である。聖人に喜怒哀楽の感情があるのかないのか、それは当時の清談《せいだん》の重要なテーマの一つであった。聖人には感情がないと主張したのは魏の哲学者の何晏《かあん》であり、かの鍾会《しょうかい》も何晏の説を祖述した。それとは反対の立場を主張したのは、何晏の論敵の王弼《おうひつ》であった。王戎の右の言葉は、ひとまず何晏の立場に立ち、そのうえに、人間を上智《じょうち》の聖人と中庸《ちゅうよう》の凡俗と箸《はし》にも棒にもかからぬ下愚《かぐ》、これら三つのランクに分ける説をかさねあわせ、自分は上智でもなく下愚でもなく、まさしくその中間の凡俗にほかならぬからこそ、わが子を失って悲しみの感情がわが身に集中するのは致し方のないことなのだ、どうしようもないことなのだ、といっているのである。つまり、王戎は凡俗であることに徹しているのであって、あるいは阮籍は、そのようなかれを「俗物」とよんだのかもしれぬ。

　王戎の家庭もなかなかに好ましく、ほほえましいものであったようである。『世説新語』惑溺《わくでき》篇につぎの話がある。灯火のもとで夫とともに算木をならべて勘定にはげみ、財産の管理に余念のなかった王戎の妻は、夫を「あんた」とよぶのが口ぐせであった。「女性が亭主をあんたとよぶのは、お行儀《ぎょうぎ》が悪い。今後二度とそんなことはよしなさい」、王戎がそうたしなめたところ、たちまちにしてすさまじい逆襲にあったのであった。「あんたが大事であんたがかわいいから、だからあんたをあんたとよぶのよ。わたしがあんたをあんたとよばなきゃ、だれがいったいあんたをあんたとよんでくれるのよ」。それ以後、王戎は目をつぶることにしたという。「あんた」と訳した原文は「卿《けい》」。ごく気楽な相手に用いる二人称である。王戎夫人の逆襲を原文で読んでみると、そのたたみかけるような口調はいっそうユーモラスである。「親卿愛卿、是以卿卿、我不卿卿、誰当卿卿。——qin《チン》 qing《チン》 ai《アイ》 qing《チン》, shi《シー》 yi《イー》 qing《チン》 qing《チン》, wo《ウオ》 bu《ブ》 qing《チン》 qing《チン》, shui《シェイ》 dang《ダン》 qing《チン》 qing《チン》——」。

また、王戎が早朝に娘一家を訪問したときのこと、とりつぎも請わずにとっとと奥へ通ったところ、壻《むこ》の裴頠《はいき》はベッドの南側からおり、娘は北側からおり、丁重に挨拶をかわしてけろっとしていたというのも、なかなか味のある話である（『世説新語』任誕篇）。王戎が数万銭を融通してやった娘夫婦であり、壻の裴頠は、虚無を貴ぶ世間の流行に異をとなえて、「崇有論《すうゆうろん》——有を崇《たっと》ぶの論——」を発表した哲学者として有名であった。

またこんな話もある。ある年の三月三日、名士連中が洛陽郊外の洛水の岸辺に遊んだおりにも、裴頠は堂々たる哲学談義でみんなをうならせた。そのとき、岳父の王戎は従弟《いとこ》の王衍《おうえん》とともに、春秋時代の呉の季札《きさつ》や漢代の張良《ちょうりょう》の物語を語ってきかせたという（『世説新語』言語篇）。三月三日、それは本来、人びとが川のほとりに出かけてみそぎをし、不浄を洗いながす宗教的行事が行なわれる日であったのだが、いつしか春の陽光のもとにあいつどう行楽の日となっていたのである。史上に有名な王羲之《おうぎし》の「蘭亭《らんてい》の会」が催されたのも、王戎から半世紀あまり後の東晋の永和九年（三五三）三月三日のことであった。

「竹林の七賢」の掉尾《とうび》をかざる王戎。したがってかれには、往時の交遊をなつかしむ役割があたえられてもいる。

王戎の言葉。「嵇康どのとは二十年にわたってごいっしょしたけれども、はしゃいだり怒ったりされた顔を一度として見たことはなかった」。（『世説新語』徳行篇）

ある人が王戎にかたった。「嵇延祖《けいえんそ》はまるで一羽の野生の鶴が群鶏《ぐんけい》のなかにいるように際立っている」。するとこういいかえした。「君はかれのおやじさんに会ったことがないのだな」。（同、容止《ようし》篇）

嵇延祖とは嵇康の息子の嵇紹《けいしょう》のこと。そして、極めつけとすべきはつぎの一話であろう。

王濬沖（王戎）が尚書令となったときのこと、官服を着け、二輪馬車に乗って黄《こう》じいさんの居酒屋の前を通りかかると、後方の車のものたちをかえりみながらいった。「ぼくはむかし、嵇叔夜《けいしゅくや》（嵇康）氏や阮嗣宗《げんしそう》（阮籍）氏といっしょにこの居酒屋で痛飲したものだ。竹林の遊びにもその末席をけがした。嵇さんが夭折《ようせつ》され、阮公どのがなくなられてからというものは、世のしがらみのがんじがらめ。今日、ここはすぐ目の前にあるというのに、はるか遠く山河《さんが》をへだてている思いがする」。（『世説新語』傷逝篇）

もっとも、この一話は東晋時代の好事家《こうずか》の作り話だとする説が有力ではあるけれども、余計な穿鑿《せんさく》は無用というものであろう。

## 終章　なぜ「竹林」の「七賢」なのか

先にもふれたように、五世紀劉宋《りゅうそう》の顔延之《がんえんし》は、貴顕の山濤《さんとう》と王戎《おうじゅう》の二人を除いたうえ、「竹林の七賢」ののこりの五人それぞれをテーマとしてうたう「五君詠《ごくんえい》」五首（『文選』巻二一）を制作した。顔延之もまた阮籍《げんせき》がたのみこんで就任したのとおなじ歩兵校尉《ほへいこうい》の職にあったのだが、酒を愛して世間の常識をいっこうに意に介さず、そのため時の権力者の機嫌をそこね、地方官に左遷されることとなった憤懣《ふんまん》を「五君詠」に託したのであった。阮籍をテーマとする「阮歩兵《げんほへい》」の詩は、つぎのようにうたわれている。

阮公雖淪跡　　阮公は跡《あと》を淪《しず》むと雖《いえど》も
識密鑒亦洞　　識《しき》は密《こまや》かにして鑒《かん》も亦《ま》た洞《ふか》し
沈酔似埋照　　沈酔《ちんすい》せしは照《ひかり》を埋《うず》むるに似て

寓辞類託諷　寓辞《ぐうじ》は託諷《たくふう》に類せり
長嘯若懐人　長嘯《ちょうしょう》しては人を懐《した》いしが若《ごと》く
越礼自驚衆　礼を越えては自《おの》ずから衆を驚かす
物故不可論　物故《ぶっこ》は論ず可《べ》からざるも
途窮能無慟　途窮《みちきわ》まっては能《よ》く慟《どう》ずること無からんや

阮籍は行跡を世人の目からくらましたが、かれの見識はこまやかで人を見る目も透徹していた。酒びたりだったのは、智恵のかがやきをごまかすための方便であったようであり、「大人先生伝《たいじんせんせいでん》」や「詠懐詩《えいかいし》」に託された言辞には、世俗にたいして警鐘をならす気持ちがこめられているごとくである。蘇門《そもん》先生のところで長嘯してみせたのはいかにも人なつっこい性格を思わせるが、礼教をふみはずしたかずかずの行為は人びとを驚かせるに十分だった。世の中の人物や事件はあれこれあげつらうべきものとはみなさなかったが、道が行きどまりとなっては慟哭《どうこく》なしにはすまされなかったのだ。

また、嵆康《けいこう》をテーマとする「嵆中散《けいちゅうさん》」の詩は、つぎのようにうたわれている。

中散不偶世
本自餐霞人
形解験黙仙
吐論知凝神
立俗迕流議
尋山洽隠淪
鸞翮有時鎩
龍性誰能馴

中散は世に偶《なかま》せず
本自《もとよ》り霞《かすみ》を餐《く》らう人なり
形解《けいかい》して黙仙《もくせん》たることを験《あきら》かにし
論を吐《は》きて神《しん》を凝《こ》らすを知る
俗に立ちては流議《りゅうぎ》に迕《さから》い
山を尋ねては隠淪《いんりん》に洽《かな》えり
鸞《おおとり》の翮《つばさ》は時有って鎩《そ》がるるも
龍の性は誰《たれ》か能《よ》く馴《なつ》けん

嵆康を中散とよぶのは、かれがかつて中散大夫《ちゅうさんだいふ》の職にあったことによる。「霞を餐《く》らう人」とはもとより神仙のこと。嵆康の「琴の賦《ふ》」にさしはさまれた歌曲にも、「沆瀣《こうかい》を餐《く》らいて朝霞《ちょうか》を帯《お》ぶ」の句があること、先にみた通りだが、顔延之は一貫して嵆康を神仙としてうたうのだ。「形解」とは尸《し》解《かい》とよばれる仙去の一法であり、嵆康は尸解をとげることによって、自分では黙っていたものの神仙であることが証明されたというわけ。『文選』の注釈者の唐の李善《りぜん》は、顧愷之《こがいし》の「嵆康讃《けいこうさん》」の序にみえるつぎのような話を引いている。南海太守《なんかい》の鮑靚《ほうせい》は神霊と交感する能力をそなえた人物であった。あるとき、神仙術実修の場の静室《せいしつ》から妙《たえ》なる琴の音《ね》がきこえてきた。不思議に思った弟子の徐寧《じょねい》がわけをたずねたところ、鮑靚いわく、「嵆叔夜《けいしゅくや》なり」と。「嵆叔夜は洛陽の東の市場で絶命したはずなのに、どうしてここにいるのですか」、徐寧がそういぶかると、鮑靚は「叔夜はひとまず死をよそおったものの、実は尸解をとげたのだ」と答えたという。「論を吐きて」云々は、「養生論《ようせいろん》」を著わし、その理論を実践することによって、精神は集中されて神仙の境地を味わったというのであろう。李善はまた東晋の孫綽《そんしゃく》の「嵆中散伝」から、「養生論」を発表した嵆康が洛陽に出かけたところ、都の人びとは神人だと語りあったという話を引いている。神人とは神仙のこと、そして「山を尋ねては隠淪《いんりん》に洽《かな》えり」という「隠淪」は神人の異称である。世俗にたちまじわっては流俗の言論にさからったが、山を訪れては神人とうまがあった嵆康。このようにうたうのは、三百三十八歳と伝えられる王烈《おうれつ》といっしょに山に遊び、仙薬を摘《つ》んだという話があるからだ。かくして結びの二句に、「鸞《おおとり》の翮《つばさ》は時有って鎩《そ》がるるも、龍の性は誰《たれ》か能《よ》く馴《なつ》けん――鸞の翼はそぎおとされることがあるにしても、龍の性質はだれにも飼いならすことができぬ——」とうたうのは、嵆康が「龍の章《あや》に鳳《おおとり》の姿」と評されたことにもとづく。

「嵆中散」の詩の結びの二句、それに「物故《ぶつこ》は論ず可《べ》からざるも、途窮《みちきわ》まっては能《よ》く慟《どう》ずること無からんや」とうたう「阮歩兵」の詩の結びの二句、さらにまた阮咸《げんかん》をテーマとする「阮始平《げんしへい》」の詩に「屢《しばし》ば薦《すす》めらるるも官に入《い》らず、一たび麾《さしず》せられて乃《すなわ》ち出《い》でて守《しゅ》たり」とうたい、劉伶《りゅうれい》をテーマとする「劉参軍《りゅうさんぐん》」の詩に「精を韜《かく》して日ごとに沈飲《ちんいん》するも、誰《たれ》か知らん荒宴《こうえん》には非《あら》ざることを。酒を頌《ことほ》ぎしは短章なりと雖《いえど》も、深き衷《こころ》は此れ自《よ》り見《あら》わる」とうたっているのは、いずれも顔延之の自叙にほかならなかったという。

「阮始平」の詩句は、阮咸が山濤から何度も吏部郎《りぶろう》に推薦されながら就任はかなわず、荀勗《じゅんきょく》の差しがねによって始平郡の太守に左遷されてしまった、というのである。また「劉参軍」の詩句は、劉伶は精神のかがやきを内にかくして来る日も来る日も酒びたりだったが、それがただのやけ酒ではなかったことをだれが知ろうか、「酒《しゅ》徳頌《とくしょう》」は短篇ではあるが、深い思いがそこにははっきりとあらわれている、というのである。顔延之は、これらの詩句に自分の姿をだぶらせたのであった。

ちなみに、「五君詠」が向秀《しょうしゅう》をテーマとしてうたう「向常侍《しょうじょうじ》」の詩はつぎのようなものだ。

向秀甘淡薄　向秀は淡薄《たんぱく》に甘んじ
深心託毫素　深き心をば毫素《ごうそ》に託す
探道好淵玄　道を探っては淵玄《えんげん》を好《この》み
観書鄙章句　書を観《よ》みては章句を鄙《いや》しむ
交呂既鴻軒　呂《りょ》に交わっては既に鴻《おおとり》の軒《と》ぶがごとく
攀嵆亦鳳挙　嵆《けい》に攀《よ》じては亦《ま》た鳳《おおとり》の挙《あ》がれるがごとし
流連河裏遊　河裏《かり》の遊びに流連《りゅうれん》し
惻愴山陽賦　山陽《さんよう》の賦《ながうた》に惻愴《そくそう》せり

向秀は淡泊な境地にみずから満足し、奥深い心情を「毫素」、すなわち筆と紙とを書写の材料としての作品に託した。道理を探究しては深遠玄妙な哲学を愛し、書物を読むにあたっては一章一句の末梢的な意味に拘泥《こうでい》する方法をさげすんだ。ここまでは、もっぱら向秀の『荘子《そうじ》』の注釈のことをうたっているのであろう。「交呂」の呂は呂安《りょあん》、「攀嵆」の嵆は嵆康。呂安と嵆康を友としての意気軒昂《いきけんこう》たる交わり。「河裏」といい、「山陽」というのはいずれも河内《かだい》地域のことであって、「山陽の賦」とは「思《し》旧《きゅう》の賦」のこと。向秀は河内における遊びにどっぷりとつかり、楽しかりし過去の思い出を「思旧の賦」に悲しくしのんでいる、というのだ。

顔延之が「五君詠」にとりあげているのは、阮籍、嵆康、劉伶、阮咸、向秀の五人だけだが、その五人に山濤と王戎の二人を加えた「竹林の七賢」。これら七人の人物が「竹林の七賢」という交遊グループにまとめあげられたのは東晋時代のことであったとしても、なぜ七人の人物が一つのグループとされたのであろうか。またなぜかれらの交遊の場が竹林に設定されたのであろうか。

第一章に紹介した陶淵明《とうえんめい》の『集聖賢群輔録《しゅうせいけんぐんぽろく》』は、七人の人物をもって一つのまとまりとするグループとして、「竹林の七賢」のほかに、「黄帝《こうてい》の七輔《しちほ》」、「舜《しゅん》の七友《しちゆう》」、「鄭《てい》の七穆《しちぼく》」、それに「作者七人」をあげている。「作者七人」とは、『論語』の憲問《けんもん》篇に、「子曰《しい》わく、作《な》す者は七人なり」とあるものであって、「賢者は世を辟《さ》く。其の次《つぎ》は地を辟く。其の次は色を辟く。其の次は言を辟く」とあるのにつづいて、孔子のこの言葉が記録されている。賢者は世の中から逃避し、そのつぎなる人物はある地域からよその地域に逃避し、そのつぎなる人物は相手の顔色を見て逃避し、そのつぎなる人物は相手の言葉を聞いて逃避する、そのように行動したものはかつて七人いた、という意味である。「作者七人」が具体的にだれだれであるのかについては諸説があるが、後漢時代の『論語』注釈者の包咸《ほうかん》は、『論語』に登場する七人の隠者、すなわち長沮《ちょうしょ》、桀溺《けつでき》、荷蓧丈人《かじょうじょうじん》、石門《せきもん》の晨門《しんもん》、荷蕢《かき》、儀《ぎ》の封人《ほうじん》、楚《そ》の狂接輿《きょうしょうよ》の七人をそれにあてている。嵆康の『聖賢高士伝賛《せいけんこうしでんさん》』にも、狂接輿、長沮、桀溺、荷蓧丈人の四人が名をとどめており、「竹林の七賢」の命名は『論語』の「作者七人」にならうものであったのかもしれない。

あるいはまた、「作者七人」は遠い昔の『論語』に出るものではないかというのであれば、「竹林の七賢」により近い時代のこととして、曹操《そうそう》が実権を握っていた後漢末の建安《けんあん》年間を代表する文人七人が「建安の七子《しちし》」の名をもってよばれたことが想起されてよいかもしれぬ。すなわち、孔融《こうゆう》、陳琳《ちんりん》、王粲《おうさん》、徐幹《じょかん》、阮瑀《げんう》、応瑒《おうとう》、劉楨《りゅうてい》の七人の文人であって、魏の文帝曹丕《そうひ》は、『典論《てんろん》』のなかの「論文——文学を論ず——」と題した文章につぎのように述べている。「これらの七人は、学問においては余すところがなく、文章においては他人を模倣することがない。かれらはそれぞれ、千里の遠い道のりに駿馬《しゅんめ》を馳《は》せ、意気軒昂と馬足をそろえて疾駆《しっく》していると自負している」。この「建安の七子」のなかの阮瑀は、ほかならぬ阮籍の父であった。

さて、七賢たちの交遊の場が竹林に設定されたのは、竹が清潔で純粋なものの象徴とされたからであり、とりわけ魏晋にはじまる六朝時代の人びとが特別な思いを竹に託したからであったろう。

東晋の王徽之《おうきし》といえば書聖として知られる王羲之《おうぎし》の五男であるが、あるとき、ほんのしばらくの借家住まいであったにもかかわらず、庭に竹を植えさせた。「どうしてまたそんな面倒なことをされるのか」とたずねるものに、「何ぞ一日として此の君なかる可《べ》けんや——一日として此の君なしにすまされようか——」と答えた。竹が「此《し》君《くん》」とよばれることがあるのは、このためである。竹に加えて梅、蘭、菊が「四《し》君《くん》子《し》」とよばれるようになるのは後世のことだが、王徽之にはまたつぎのような話もある。王徽之が呉《ご》（江蘇《こうそ》省蘇州市）の町を通りかかったときのこと、とある家にすばらしい竹が植わっているのを見つけた。その家の主人は、名士の王徽之がわざわざ自分を訪ねにやってきてくれたのだと考え、支度をととのえて座敷で待ちうけた。ところが、輿《こし》にかつがれた王徽之は、まっすぐ竹のところまで進むと、しばし感にたえぬ様子である。主人はすこしがっかりしたが、それでもきっと奥に通ってくれるものとばかり思っていたのに、王徽之はそのまま門から出て行こうとする。主人は我慢がならず、門を閉じて出て行けぬようにさせた。王徽之はあらためて主人に感心し、歓を尽くしたうえでひきあげたという。

それだけではない。東晋時代に降臨した道教の神々のお告げの集成である『真誥《しんこう》』という書物では、竹は北斗七星の精であるとされている。「竹は北斗七星のすぐれた精であり、玄軒《げんけん》の星座（北斗七星の近くに位置する軒轅《けんえん》十七星のことか）から気を授かっている。だから円くて虚《うつろ》で内部はみずみずしく、土のなかにあるときから清素な資質がはぐくまれ、根を張って実を結ぶと、ふさふさとたわむのである」。七賢たちをこのような竹の林のなかに置くのは、いかにもふさわしいことではないか。

東晋時代にはじまる「竹林の七賢」の人気はすこぶる高く、しばしば画材にとりあげられ、伝や賛や論が作られ、詩にうたわれた。顔延之がそれぞれの人物に自分の姿を重ねあわせたように、「竹林の七賢」はさまざまの生き方をひき出すべき人間の典型となったのである。東晋時代の風流宰相としてきこえる謝安《しゃあん》は、「竹林の七賢」の面々の優劣をあれこれとあげつらう一族の若者たちを、「先輩たちは七賢の棚《たな》おろしをしたことなど、ついぞなかったぞ」、とたしなめたという。六世紀の北魏時代に作られた地理書の『水経注《すいけいちゅう》』によると、嵇康の故宅の近くには七賢を祭る祠《ほこら》が立てられていたという。

# あとがき——講談社学術文庫のために

本書はそもそも一九九六年に世界思想社の「風呂で読む」シリーズの一冊として刊行された。すでに四半世紀以上も昔のことである。

それにしても「風呂で読む」とは一体どういうことなのか。世界思想社版のカバーの表側には「湯水に耐える合成樹脂使用」とあり、裏側には「本書の特長」として「本書は合成樹脂製ですので湯水に濡れても大丈夫です」、「湯水につかった場合には、軽く拭くか乾燥させれば元通りの状態に戻ります」とあるように、用いられているのが普通一般の紙ではなかったのである。

中国の十一世紀、北宋の文人の欧陽修《おうようしゅう》の随筆集『帰田録《きでんろく》』につぎの一話がある。それによると、欧陽修の大先輩の銭惟演《せんいえん》なる人物は、読書だけが趣味の人物であって、「正坐しては経書と史書を読み、寝ころんでは小説を読み、廁《トイレ》に駆けこんではちょっとした詩や詞《ツー》に目を通す」と部下に語ったことがあった。そしてそれが事実であることを、やはり先輩の宋綬《そうじゅ》なる人物が、「銭惟演が廁に駆けこむ際にはいつも必ず書物を小脇にかかえて出かけ、それを諷誦《ふうしょう》する声があたりに朗々と響きわたった」と証言したというのだが、このような銭惟演についてのエピソードを伝えた欧陽修は、さてそのうえで自分の場合はこうだ、と友人の謝絳《しゃこう》に語ったところをつぎのように記しているのだ。「僕が平生《へいぜい》制作する作品は、おおむね三上《さんじょう》でものしたもの。すなわち、馬《ば》上《じょう》、枕上《ちんじょう》、厠上《しじょう》なんだよ」。

欧陽修のこの「三上」の話、すでに拙著『読書雑志　中国の史書と宗教をめぐる十二章』（岩波書店、二〇一〇年刊）の第七章「記憶につながる書物」に、「三上」をそのままのタイトルとして紹介したことがあり、詳細はそれについて見られたいが、ともかく欧陽修は、文章の構想を練るのに適した場所として「三上」を挙げているのである。現在ならば、「馬上」はさしずめ通勤電車の中、「枕上」はベッドの中、「厠上」はもとよりトイレの中、ということになるだろう。

欧陽修の「三上」はともかくとして、また文章の構想を練るというような大仰なことではないけれども、ちょっとしたアイデアがふっと頭にうかぶ場所として風呂をかぞえてもよいのではあるまいか。ただしそれは、巷間《こうかん》の語呂合わせとして二月六日（2／6）は「フロの日」、あるいはまた十一月二十六日（11／26）は「いいフロの日」とよばれもする風呂好きの日本人ならではのこと。世界思想社のシリーズ本は、それだけにはとどまらず、風呂の中にもちこんで「風呂で読む」というのだから驚きだ。私自身はためしてみることはなかったが、ある友人からもらった報告では、看板に偽りなしとのことであった。

世界思想社本は合成樹脂使用であるために普通の紙よりも値が張るせいなのか、執筆枚数にかなりの制限が加えられた記憶があり、「あとがき」を書きそえることもできなかった。そこで、このたび装いもあらたに講談社学術文庫の一冊として収められるにあたり、この「あとがき」を書き加える次第である。また、現代日本語訳によって随処にはさみこんでいる引用文に手直しを施したり、地の文についても、誤りや舌足らずの文章表現をいくらか改めたりした箇所がないではないが、全体の構成と内容はもとより世界思想社本をそのままに襲うこと、いうまでもない。

ところで、終章「なぜ「竹林」の「七賢」なのか」において、七賢のなかの阮籍《げんせき》、嵆康《けいこう》、劉伶《りゅうれい》、阮咸《げんかん》、向秀《しょうしゅう》の五人についてうたう顔延之《がんえんし》の「五君詠《ごくんえい》」五首を取りあげた。顔延之が山濤《さんとう》と王戎《おうじゅう》についてはうたうことがなかったのは、二人は「貴顕」であると考えたからである。「五君詠」は『文選』の巻二一に収められているのだが、ところで『文選』の編者の梁《りょう》の昭明太子蕭統《しょうめいたいししょうとう》は、顔延之が除いた二人について五言詩二首を補作している。やはりこの場を借りてその二首を紹介し、「あとがき」の結びとすることとしよう。

山公弘識量　山公は識量弘《ひろ》く
早廁竹林歓　早《つと》に竹林の歓に廁《まじ》わる
聿来値英主　聿《ここ》に来たって英主に値《あ》い
身游廊廟端　身は廊廟《ろうびょう》の端に游《あそ》ぶ
位隆五教職　位は五教の職に隆《さか》んにして
才周五品官　才は五品の官に周《あまね》し
為君翻已易　君と為《な》るは翻《かえ》って已《すで》に易《やす》きも
居臣良不難　臣に居《お》るは良《まこと》に難《かた》からざらんや

山濤は見識も度量もなみなみならず、若くして竹林の楽しい集いに参加した。やがて時運が到来して英明の君主の晋の武帝にめぐり合い、廟堂《びょうどう》の片隅に身を置くこととなった。官位は盛んにも司徒《しと》の職にまでのぼりつめ、吏部尚書《りぶしょうしょ》として才能を十分に発揮した。君主となるのはかえってたやすいが、臣下であるのこそ本当に大変なのではあるまいか。およそそのような意味であろう。「位は五教の職に隆《さか》んにして」とうたうのが、山濤が三公の一つの司徒の位にまで栄進したのをいうこと、『晋書』（巻一二一）の李雄《りゆう》載記に、「漢晋の故事、惟《こ》れ太尉《たいい》・大司馬《だいしば》は兵を執り、太傅《たいふ》・太保《たいほ》は父兄の官、論道の職、司徒《しと》・司空《しくう》は五教（仁・義・礼・知・信）と九土《きゅうど》の差（天下九州の土地それぞれの特色の違い）を掌《つかさど》る」とあるのが証する。ただし、山濤が官界において最も手腕を発揮したのは吏部尚書としてであり、吏部尚書は三品官なのだから、「才は五品の官に周《あま》ねし」の五品は「三品」の誤りとすべきか。待考。

濬充如蕭散　　濬充《しゅんじゅう》は蕭散《しょうさん》の如く
薄莫至中台　　薄莫《はくぼ》に中台に至る
徴神帰鑑景　　神《しん》を徴《ちょう》して鑑景《かんけい》に帰《き》し
晦行属聚財　　行ないを晦《くら》ませて聚財《しゅうざい》に属《あず》く
嵆生襲玄夜　　嵆生《けいせい》は玄夜《げんや》に襲《かえ》り

阮籍変青灰
留連追宴緒
壚下独徘徊

阮籍《げんせき》は青灰《せいかい》に変《へん》ず
留連《りゅうれん》して宴緒《えんしょ》を追い
壚下《ろか》 独《ひと》り徘徊《はいかい》す

「濬充」は王戎の字《あざな》の濬 沖《しゅんちゅう》の訛。沖も充も音はchong。「蕭散」は、さっぱりしているさま。「薄莫」は薄暮に同じ。「中台」は上台、下台とあわせて三台とよばれる天上の星。天上の三台は地上の三公に比擬され、中台は司徒ないしは司空の代名詞。第三句と第四句については、『晋書』王戎伝に「戎は人倫の鑑識有り（人物鑑識《かんしき》眼があった）」とあり、また『世説新語』倹嗇篇《けんしょく》の劉 孝標《りゅうこうひょう》注が引く『晋陽秋《しんようしゅう》』につぎのようにあるのが参照される。「戎は多く財賄（財産）を殖《ふ》やし、常に足らざるが若《ごと》し。或いは謂《い》う、戎は故《ことさ》らに此れを以て自らを晦《くら》ますなりと」。第五句の「嵇生襲玄夜」の「襲」を「かえる」と訓ずるのは、潘岳《はんがく》が妻の死を悼《いた》んだ「永逝《えいせい》を哀《かな》しむ文」（『文選』巻五七）、それに「委蘭房兮繁華、襲窮泉兮朽壌」なる句があり、李善注《りぜん》が『国語』の賈逵注《かき》に「襲は還なり」とあるのを引いて、「蘭房《らんぼう》の繁華《はんか》なるを委《す》て、窮泉《きゅうせん》の朽壊《きゅうじょう》に襲《かえ》る」と訓《よ》ませているのにならう。「玄夜」は闇夜、「青灰」は土。「玄夜に襲り」といい、「青灰に変ず」というのは、ともに死を意味する。かくしてこの詩のうたうところは、あらましつぎのように解せられよう。王戎はさっぱりとした性格のよう、晩年になって山濤とおなじく司徒の位に昇進した。相手の表情をよみとっての人物鑑識眼、行ないを韜晦《とうかい》するために託すのは蓄財行為。嵇康は冥界へと旅立ち、阮籍もすでに土に帰した。ぐずぐずといつまでも思い出すのは酒宴のなごり、居酒屋のあたりをたった一人で徘徊する。

二〇二四年五月

吉川忠夫

本書の原本は、一九九六年に『風呂で読む　竹林の七賢』として
世界思想社より刊行されました。

吉川忠夫（よしかわ　ただお）

1937年生まれ。京都大学大学院文学研究科博士課程単位取得退学。専攻は中国史。京都大学人文科学研究所所長，花園大学国際禅学研究所所長，龍谷大学教授を歴任。京都大学名誉教授。著書に『劉裕』『王羲之』『侯景の乱始末記』『六朝精神史研究』『中国古代人の夢と死』『魏晋清談集』『秦の始皇帝』『訓注本後漢書』『六朝隋唐文史哲論集』など。日本学士院会員。文化勲章受章。

講談社学術文庫

定価はカバーに表示してあります。

竹林《ちくりん》の七賢《しちけん》

吉川忠夫《よしかわただお》

2024年６月11日　第１刷発行

発行者　森田浩章
発行所　株式会社講談社
東京都文京区音羽 2-12-21 〒112-8001
電話　編集（03）5395-3512
販売（03）5395-5817
業務（03）5395-3615
装　幀　蟹江征治
印　刷　株式会社ＫＰＳプロダクツ
製　本　株式会社国宝社
本文データ制作　講談社デジタル製作



ISBN978-4-06-536228-0

# 「講談社学術文庫」の刊行に当たって

これは、学術をポケットに入れることをモットーとして生まれた文庫である。学術は少年の心を養い、成年の心を満たす。その学術がポケットにはいる形で、万人のものになることは、生涯教育をうたう現代の理想である。

こうした考え方は、学術を巨大な城のように見る世間の常識に反するかもしれない。また、一部の人たちからは、学術の権威をおとすものと非難されるかもしれない。しかし、それはいずれも学術の新しい在り方を解しないものといわざるをえない。

学術は、まず魔術への挑戦から始まった。やがて、いわゆる常識をつぎつぎに改めていった。学術の権威は、幾百年、幾千年にわたる、苦しい戦いの成果である。こうしてきずきあげられた城が、一見して近づきがたいものにうつるのは、そのためである。しかし、学術の権威を、その形の上だけで判断してはならない。その生成のあとをかえりみれば、その根は常に人々の生活の中にあった。学術が大きな力たりうるのはそのためであって、生活をはなれた学術は、どこにもない。

開かれた社会といわれる現代にとって、これはまったく自明である。生活と学術との間に、もし距離があるとすれば、何をおいてもこれを埋めねばならない。もしこの距離が形の上の迷信からきているとすれば、その迷信をうち破らねばならぬ。

学術文庫は、内外の迷信を打破し、学術のために新しい天地をひらく意図をもって生まれた。文庫という小さい形と、学術という壮大な城とが、完全に両立するためには、なおいくらかの時を必要とするであろう。しかし、学術をポケットにした社会が、人間の生活にとってより豊かな社会であることは、たしかである。そうした社会の実現のために、文庫の世界に新しいジャンルを加えることができれば幸いである。

一九七六年六月　　　　野間省一